進歩した文明と進化しない心

進化心理学で読み解く、私たちの心の本性

石川幹人 監修
明治大学
情報コミュニケーション学部教授

KANZEN

現代社会に合わせた
生きやすい心のあり方

はじめに

多様な環境から選べる社会を進化心理学が実現する

小学生のころ私は書字障害でノートがとれず、国語の成績がメタメタでした。国語を教える先生が「ノートを取りなさい」ときつく言うので、それなりに頑張ったのですが、字を書こうとするとそれ自体がたいへんで、授業の説明が何も頭に入ってこなくなるのです。漢字ドリルは最悪で、それが宿題になったときのイライラ体験を、いまでも夢に見ます。

そんな私がこうして本を30冊も出版できているのは、ひとえにパソコンのおかげです。キーボードからの入力ならば、思考をじゃまされずに文字が打ち込めるのです。漢字ドリルの練習はつらいばかりで、私には意味がなかったのではないかと思うほどです。

私たちは聞いたり話したりは自然とできるようになりますが、言葉の読み書きは教育によって練習しないとできるようになりません。進化心理学の知見によれば、聞く話すの言語能力は生まれながらに十分準備されているのに対して、読み書きの言語能力は準備がほとんどないのです。その理由は、200万年以上も続いた狩猟採集時代における協力集団では、聞く話すがコミュニケーション手段であったため、その能力が人類に進化して身に付いているからです。一方の読み書きは、農耕や牧畜により定住が進んで人口密度が増大した文明社会において、見知らぬ人との協力関係を築くために文字が発明されて以来ですから、まだ数千年しかたっておらず、環境適応によって進化する時間がかなり不足しているのです。

読み書きの能力が十分に準備されていないとなると、私たちは各自の得意な能力をつなぎ合わせながら、何とか読み書き能力を実現しないとなりません。おのずと個人ごとにそのスタイルが違ってくるので、教育方法も多様になってしかるべきです。ましてや、情報技術が発展した現代社会では多彩な方法が使えるので、私がパソコンで救われたような可能性が多くの問題を抱えた人々に潜在していると言えるでしょう。

大学の私のゼミでは「マイノリティ集まれ!」というスローガンのもとに、何らかの問題を抱えている学生たちに集まってもらっています。問題の種類やそれが生じた経緯も人それぞれですが、学生たちが進化心理学の観点から自らの心理背景や社会環境を分析していくと、自分の行動傾向と、家庭や学校などの学びの環境とのミスマッチが発見できるのです。自分の行動傾向が認識できれば変更する道も見えてくるし、変更できないにしても将来の働く環境を選ぶときの大きな助けになります。

進化心理学は、私たちの行動傾向の多くが依然として狩猟採集時代のままになっており、目まぐるしく変化する現代社会に適応していないこと、そのミスマッチが私たちの生きにくさをもたらしていることを明らかにします。私のパソコンのように、発展する文明の成果をいろいろな形でミスマッチの解消に役立てていく、そうした多様な環境が社会で準備されれば、現代社会はずっと生きやすい社会になるにちがいありません。

本書には、こうした幸福な社会を実現するヒントを多数もり込んでいます。

石川幹人

もくじ

第3章 一万年前と変わらない心 現代社会と心の不適合 …… 90

第4章 悩んでも仕方ない これからの時代を生きていくために

第1章

生き残った者だけが残る！

適応と自然選択

1 キリンの首が長い理由 それこそが〝進化〟の証拠

キーワード
進化
環境適応

そもそも「進化」って何？

本書のメインテーマである「進化心理学」についで解説するまえに、まずはその根本である生物の「進化」について、ざっくりとお話ししておこうと思います。

多くの方にとって「進化」といえば、既存の商品やサービスが新しく生まれ変わったり、ゲームのキャラクターが別の姿に変化したりといった場面がより身近であり、一般的かもしれません。一方で、進化心理学やその基礎となる生物進化論における「進化」とは、非常に長い時間をかけて生物の姿や性質が環境に適合しながら変化していく、その過程全般を指します。

たとえば、みなさんご存じのキリンは大型草食動物のなかでも特に長い首を持つことで知られています。この特徴的な長い首こそキリンが独自の進化を続けてきた証なのです。

元々、キリンの祖先は牛に近い種で森のなかに棲んでいました。それが森を出て草原へと暮らしの場を拡げていったことで、その環境に適応した姿に長い時間をかけて変化し、現在の姿になったのです。

こうして草食動物のなかでもすば抜けた背の高さとなったキリンは、ほかの動物たちが届かないような高所にある木の葉も食べられるようになり、水を飲むときに膝を折ってかがむ必要もなくなりました。

キリンは世界で一番背の高い動物

2階建て住宅の屋根くらいの大きさ

キリンの背の高さ（全高）は約5メートル。小柄なメスでも4メートル以上もある。日本の平均的な2階建ての高さが6～7メートルなので、その屋根に届くほどの大きさというわけだ。いかに巨大な生物であるかがよくわかるだろう。

	オス	メス
身長	4.7 ～5.3m	3.9 ～ 4.5m
体重	800 ～ 1930kg	550～ 1180kg

キリンの祖先は首の短い動物だったが進化して長くなった！

高いところの葉を食べられる

キリンの長い首は背の高い樹木の葉を食べられるというメリットももたらした。起きている時間の大半を食べて過ごすキリンにとって、ほかの草食動物に邪魔されない餌場を独占できることは大きなアドバンテージである。

遠くまで見渡せるので危険を察知できる

キリンの祖先たちが進出したサバンナは肉食動物たちが跋扈する危険地帯。身を隠すものが少ない草原ではいち早く敵の存在を察知することが生き抜くうえで不可欠だった。そのため遠くまで見渡せる長い首へと進化していった。

2 首の長いキリンは生き残り首の短いキリンは死んでしまった！

キーワード
自然選択
淘汰

環境に適応した者だけが生き残る

今でこそ「キリンは首の長い動物」というのが当たり前の認識になっていますが、もともとはキリンと共通の祖先を持つオカピのような首の短い動物でした。しかし、首のやや長いキリンが出現し、そのほうがサバンナという環境には適応していました。適応できた理由のひとつは背の低いキリンよりも高い場所の葉を独占的に食べられたため栄養をしっかりとれたこと、もうひとつは遠くからでも捕食者を発見できたので、早めに逃げて生き延びる確率が高まったことが考えられます。

その結果、首のやや長いキリンは子孫を残すことができ、その子孫が生き延びてまた子どもを残し……というサイクルをくり返し、自然と増えていったのです。これを進化生物学では「自然選択」と言います。

一方、首の短いキリンは十分な食べ物を得ることが難しく、自然とその個体数が減っていったのです。また、首が短いために見渡せる範囲が狭く、捕食者の接近を容易に許してしまったことも生存率を下げる一因となりました。

そして、あるときさらに首の長いキリンが出現して自然選択により子孫が増え、やや首の長いキリンは淘汰されていきました。これがくり返され、キリンは現在のような首の長い動物になっていったのです。

生存に有利な性質をもつ個体が子孫を増やしていく

首の長いキリン

- 高い場所の葉も食べられるので栄養状態がいい
- 捕食者を発見しやすいため生き延びる確率が高い

生き残る確率が高く
子孫を残しやすい

首の長いキリンの子は
親と同じように首が長いため
首の長いキリンは
自然と増えていく

これが「自然選択」

首の短いキリン

- 食べられる葉が限られるため栄養状態が悪くなりやすい
- 捕食者を発見しにくいため生き延びる確率が低い

生き残る確率が低く
子孫を残しにくい

首の短いキリンの子は
親と同じように首が短いため
首の短いキリンは
いずれ絶滅してしまう

これが「淘汰」

3 首の長いキリンが生まれた理由 それが突然変異！

わずかな変化が進化のきっかけに

キリンの祖先が牛に近い種であったことは先述したとおりです。もともと首が長かったわけではなく、環境の変化に適応して次第に首や脚が長くなり、現在の姿へと進化していきました。では、キリンの首が長くなった「進化のきっかけ」は何なのでしょうか？

通常、生物は遺伝子によってその姿形の特徴や特性が親から子へと受け継がれていきます。人間の場合、親子や兄弟で顔立ちがそっくりだったり、背が高い、体毛が濃いといった身体的な特徴が似ていたりというのはよく耳にする話ですね。しかし、ごく稀に両親には見られない、ちょっと変わった性質や特徴を持った子どもが生まれてくることもあります。これがいわゆる「突然変異」です。こう書くと何かとんでもないことが起こっていそうな気がしますが、実際にはささいな変化で、親より少し首が長いとか、身体が大きいといった程度。突然変異で子どもの首の長さが2倍に⁉　なんてことは通常ありません。しかし、このわずかな変化が環境にうまくハマることでほかの個体より有利になれば生存率は上がり、より多くの子孫を残すことが可能となります。さらにその子孫たちが世代を重ね、変化が特性として受け継がれ、強調されていくことで、いつしかそれが種のスタンダードな形質となっていくのです。

キーワード
遺伝子
DNA
突然変異

親の特徴は子に受け継がれる（遺伝）

「首が長い」特徴は親から子へ

人間の親子がよく似ているように、多くの生物は遺伝によって両親の特徴が子どもへと受け継がれていく。キリンの祖先も同様で、たまたま生まれた首の長い個体が親となり、「首が長い」という特徴が子孫へと受け継がれていった。

首の長いキリンの子の首は長い

遺伝子の働きとは？

遺伝子とはその生物を形作る設計図のようなもの。個体情報の記録に加え、生命活動の維持や種の保存といった重要な役割も担っている。

まれに親とは違う形質の子が生まれる（突然変異）

■突然変異が起きた個体の例

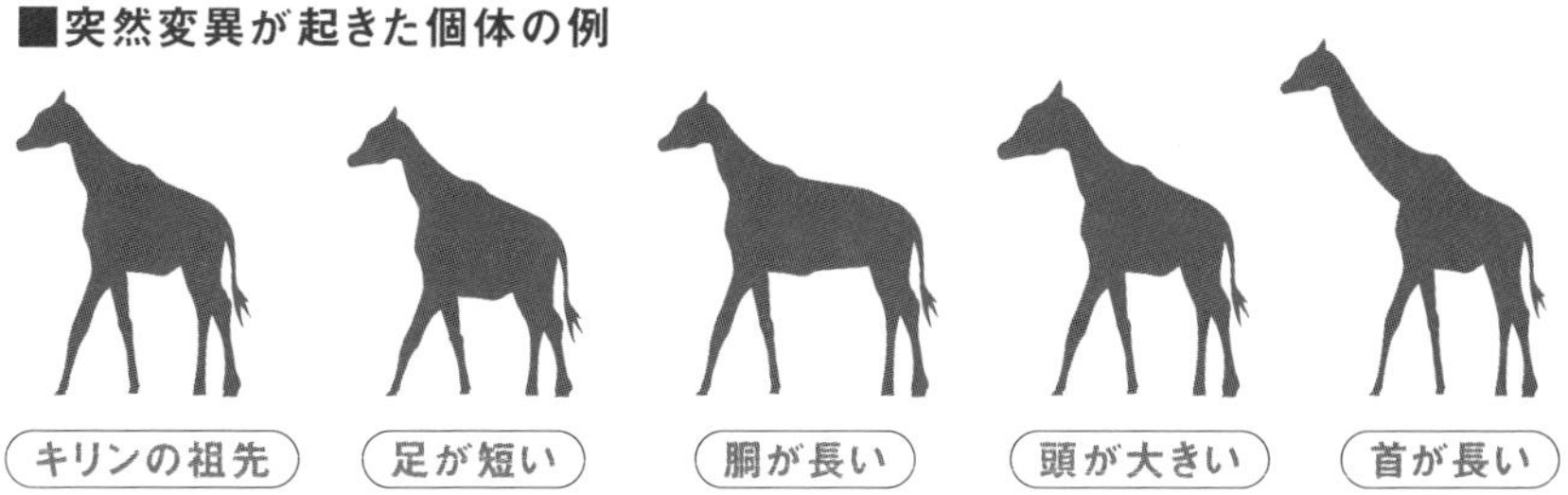

生存や繁殖に有利な特徴があれば生き残り、遺伝子が受け継がれる

突然変異によって生まれた個体の特性がうまく環境にマッチすると、一般的な個体の生存率、繁殖率を上回ってしまうことがある。結果、突然変異の特性を受け継ぐ個体が増え、次第にそれが種のスタンダードな姿として根付いていく。

たまたま首の長い個体が生存に有利だったため同じ特徴を受け継いだ子孫が増えた

4 首を伸ばそうと頑張ったキリンが生き残ったわけではない

キーワード
自然選択説
用不用説
獲得形質

「自然選択説」と「用不用説」

生物の進化については現代までにさまざまな説が提唱されています。たとえば前ページで紹介した突然変異をきっかけとし、それがたまたま環境に適応した結果であるとする「自然選択説」。これは有名な『種の起源』の著者でもあるチャールズ・ダーウィンの唱える説です。

一方で、生物の進化はその種が特定の器官を積極的に使うことで発達し、それが代々受け継がれていって進化へと繋がったとする説がジャン＝バティスト・ラマルクの提唱する「用不用説（ラマルキズム）」です。この説をわかりやすく図にしたものが左ページで、環境に適応するため努力を続けた結果、キリンは首が発達し、そうして獲得した形質（特性）が子孫へと受け継がれて現在のような姿に変化していったと推測しました。言われてみればプロスポーツ選手やアーティストにも親子が揃って活躍し、「○○2世」「○○一家」と話題になるケースも稀にあるので、この説も一理あるように思えます。しかし、現代では「用不用説」が進化の原理であるとする説は否定されています。一個体が後天的に獲得した形質は遺伝によって受け継がれることはないと科学的に推測されるためです。ただし、スポーツ選手やアーティストが持つ体質や才能は遺伝するので、いわゆる〝2世〟が活躍するのは偶然ではありません。

キリンが生き残るために努力したから首が伸びた？

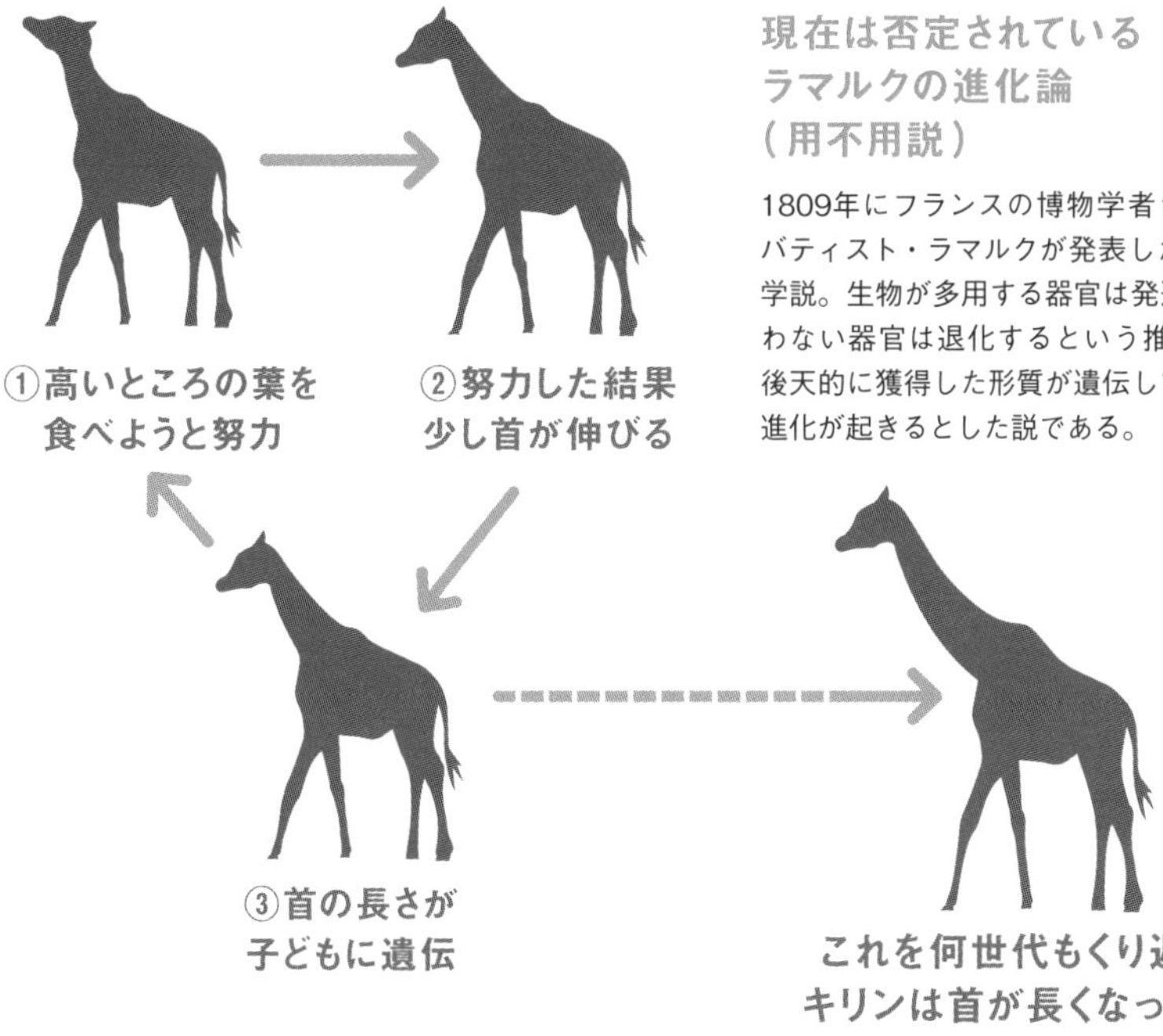
①高いところの葉を
食べようと努力
②努力した結果
少し首が伸びる
③首の長さが
子どもに遺伝
これを何世代もくり返し
キリンは首が長くなった!?

現在は否定されている ラマルクの進化論 （用不用説）

1809年にフランスの博物学者ジャン＝バティスト・ラマルクが発表した進化論学説。生物が多用する器官は発達し、使わない器官は退化するという推測から、後天的に獲得した形質が遺伝して生物の進化が起きるとした説である。

個体が後天的に獲得した形質は遺伝しない

筋トレをして体を鍛えても
筋肉質の子どもは生まれない

筋肉がつきやすい体質であれば
子どもも筋肉がつきやすい

5 生物の"進化"と個体の"進歩"どこが違う？

日常にあふれる「進化」の二文字

私たちの日常を少し注意深く見てみると、そこかしこに「進化」という言葉があふれています。製品やサービスが新しく生まれ変わったり、ゲーム中のキャラクターが別形態に変化して強くなったり、ときにはスポーツ選手の成長に対して「進化」という言葉を用いることさえあります。しかしこれらは生物進化論が意味するところの「進化」とは別物。従来の製品とは見違えるほど便利で多様な機能が追加されても、二軍でくすぶっていた野球選手が成長して三冠王に輝いても、それは「進化」とは呼べないのです。

では、生物進化論における「進化」とはどういったものなのでしょうか？ 16ページでは個体に生じた突然変異が進化のきっかけになると紹介しましたが、一個体の能力向上や形質の変化だけでは「進化」と呼ぶことはできません。その個体と子孫も含めた種全体が持つ共通かつ普遍的な特徴として備わった状態になることが「進化」なのです。ある集団のなかで特定の個人・個体だけが強くなったり、優れた技術を手に入れたとしても、それは個の「進歩」や「成長」であって、集団としての「進化」とは違うものです。ちなみに成長意欲などは進化によって先天的な資質として引き継がれることがあり、そうした土台を持つ個体が努力を続けることで、より成長が加速することもあります。

キーワード
種の進化
進歩

進歩と進化の違い

進歩

・人間の技術や能力が発達、向上する
・機械などの技術や性能が向上する

「進歩」とは、よい方向に物事が進むこと。たとえば人間であれば、走るスピードが速くなる、演奏が上手になる、料理の腕が上がるなど、特定の技能や技術が向上した場合に用いられることが多い。製品・サービスが便利になったり、機能が増えたりすることも同様に「進歩」と呼ぶことができる。

一流の選手に成長

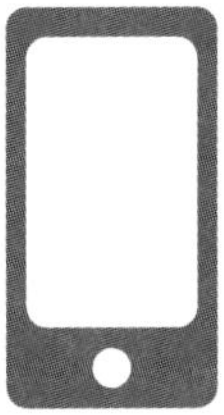

性能が向上

「プレーが進化」「性能が進化」と表現されることも多いが生物学的な「進化」とは意味合いが異なっている

進化

・長い年月の間に生物が次第に変化していくこと
・生物種の本質そのものが変化すること

進化生物学における「進化」とは、長い時間をかけて生物の形態や生理、行動などが環境に適応し、変化していくことである。一個体に発生した変化が子孫へと受け継がれ、やがて種全体に共通する普遍的な特徴として根付いてはじめて「進化」と呼ぶことができる。

サルが進化して人間になった

進化生物学において「進化」には進歩や向上といった意味は含まれず、生物種が変化することを表わしている

6 メスの好みがオスの特徴を大きく左右することも！

動物だって見た目は大事！

人間なら誰しも異性にかっこよく、かわいく見られたいという願望が大なり小なりあるもの。そのために流行りの服やアクセサリーを身につけたり、エステやジムに通って容姿を整えたりと日々涙ぐましい努力をしているのです。こうした行動は知性ある人間だけに限ったものかと思いきや、意外とそうでもありません。美しく立派な尾羽を持つクジャクのオスにも似たような傾向が見られます。

クジャクのオスはメスの気を引くため、ライバルと尾羽の大きさを見せつけ合って優劣を競います。尾羽の大きさはオスの個体としての強さや健康を示すバロメーターであり、メスにとっては理想の繁殖相手を見分ける手段というわけです。こうして、立派な尾羽を持つオスは子孫を残しやすく、その特徴が普遍的なものになります。これを「性選択」と言います。

一方で、尾羽に興味のないメスは弱いオスを選んでしまうことが多く、子孫を残しにくい傾向に。これが何世代にも渡ってくり返され、オスの尾羽の大きさとメスの尾羽の好みが互いに高まり合っていった結果、オスのクジャクは日々の生活に支障が出るほど大きな尾羽を持つことになってしまいました。このような雌雄の相乗効果によって際限なく進化し続ける現象を「ランナウェイ進化」と呼んでいます。

キーワード

性選択
ランナウェイ進化

クジャクの尾羽はなぜ大きいのか？

- 尾羽の大きさが健康と強さの象徴
- メスの気を引くためにオス同士は尾羽の大きさで優劣を競う

- 大きくて立派な尾羽を持つオスを選びやすい

大きくて立派な尾羽のオスほどメスと繁殖して子孫を残しやすいため
クジャクのオスは大きくて立派な尾羽を持つものばかりになった

これが「性選択」

ランナウェイ進化

- 尾羽の小さいオスはメスに選ばれにくいため、子孫を残しにくい
- より大きな尾羽のオスほど子孫を残しやすくなる

- 尾羽の好みを持たないメスは弱いオスを選んでしまうため子孫を残しにくい
- 大きい尾羽を好むメスが残る
- オスの尾羽がどんどん大きくなる

キリンの首も性選択の結果という考え方もある

キリンのオスは互いの優劣を競うときやメスを巡る争いで首をぶつけ合って戦う

発情期のキリンはオス同士で互いに首を激しくぶつけ合って戦い、個体としての優劣を競う習性がある。当然、首が長くて太いオスは強く、メスに選ばれる可能性も高い。こうした性選択もまたキリンの首が長くなった一因ではないかと考えられている。

首が長く太いオスがメスに選ばれやすい

7 何かが〝退化〟することで生き残った生物もいる!

アップグレードだけが進化じゃない

これまでは生物の「進化」について紹介してきましたが、生物がその形質を変化させ、環境に適応する方法は必ずしもアップグレードだけではありません。もとから備わっていた機能や器官が退化、あるいは消失することで、あらたな形質を獲得し、生き残ることに成功した生物たちもいるのです。退化も進化なのです。

たとえばペンギンもそうした生物のひとつ。ペンギンは鳥の仲間ですが、ご存じのとおり飛ぶことができません。現在ペンギンに分類される種は世界に18種類いますが、このすべてが飛行能力を有していないのです。なぜこんなことになってしまったのでしょうか?

現在、その理由として考えられているのが、①主な生息域である南半球は陸地より海の面積が広い、②エビや魚など海中には豊富に食料がある、③空を飛ぶより水中を泳ぐほうがエネルギー効率がいい、などが挙げられています。こうした要因からペンギンは空を飛ぶことをやめ、水中での活動に適したヒレ状の羽と心肺機能、流線型の体型へと変化していったのです。

人間の祖先である類人猿も顎の筋力が退化したことで頭蓋容量が大きくなり、脳が発達しました。また、火を発明して食料を食べやすく加工する術を会得したことも顎の退化を補い、種の存続に大きく貢献したと考えられています。

キーワード

退化も進化

飛ぶ能力を失ったペンギン

羽が退化して飛べなくなったが水中に適応して生き残った

かつては飛行能力を有していたペンギンたちだが、その力を手放す代わりに、海に潜って水中を自由に泳ぎ回る能力を獲得することで生き残ることに成功した。ぽっちゃりとしたかわいらしい体型も実は水中での抵抗が少ない流線型で、かつ防寒対策も兼ね備えた機能性に優れたデザインなのである。

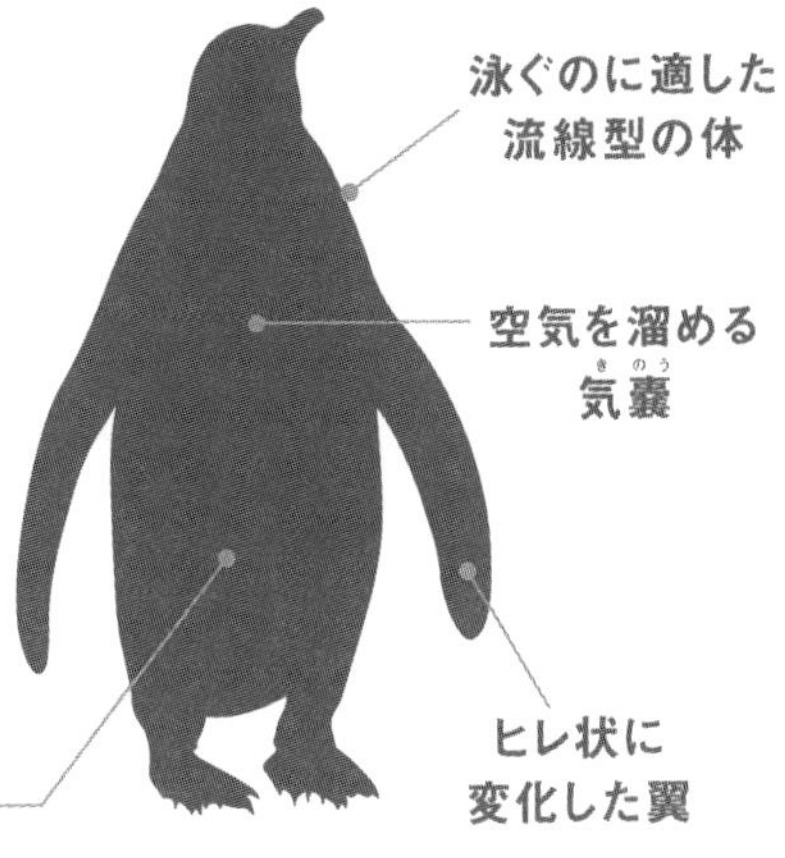
泳ぐのに適した流線型の体
空気を溜める気嚢《きのう》
低温に耐える脂肪と皮膚
ヒレ状に変化した翼

人間も顎が退化して脳が大きくなった

顎が細くなったことで噛む力に関係する側頭筋や咬筋《こうきん》が退化した

類人猿の進化は突然変異によって顎が小さくなったことが一因だとする説もある。顎を動かす咬筋が退化した結果、頭部への圧迫が減って頭蓋容量が増加。脳が大きく発達し、類人猿から人類へと進化する足がかりとなった。

筋肉が弱くなった結果
噛む力も弱くなったが
頭部への圧迫が減り
脳容量が大きくなった

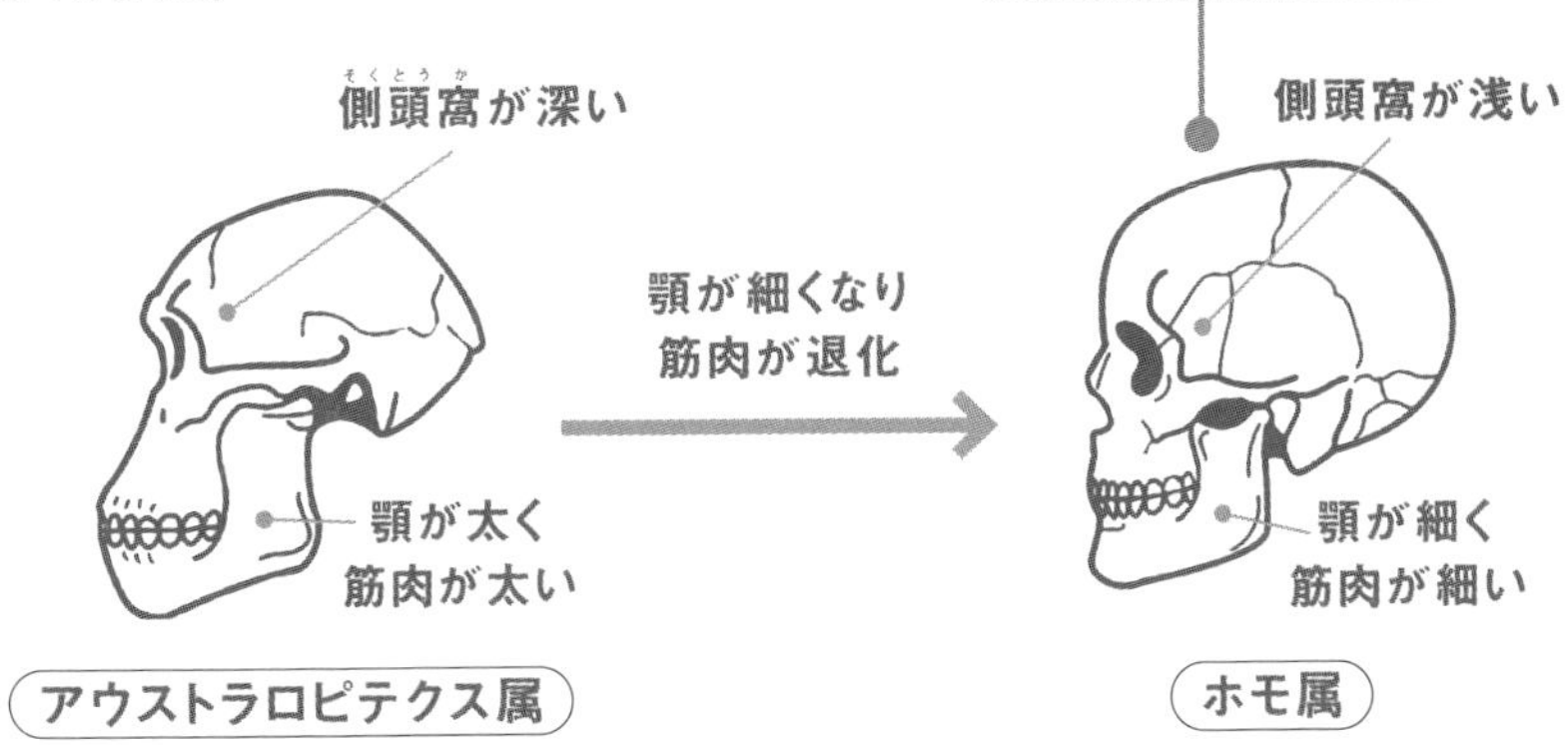
側頭窩《そくとうか》が深い
顎が太く
筋肉が太い
アウストラロピテクス属
顎が細くなり
筋肉が退化
側頭窩が浅い
顎が細く
筋肉が細い
ホモ属

8

生き残り繁殖できた生物が今も生き残っている！

全地球規模の大災害「大量絶滅」

気の遠くなるほど長い年月をかけ、ゆっくりと進化の歴史を紡いできた生物たち。その途方もなく長い歴史のなかでは大小さまざまな自然災害や天変地異に見舞われ、特定の種だけでなく、すべての生命体が絶滅してしまうほどの危機に瀕することもありました。こうした現象を「大量絶滅」と呼びます。その昔、地上の支配者だった恐竜たちもこの「大量絶滅」によって一匹残らず滅んでいるのです。

左ページに示したのは、かつて地球上で起こった大量絶滅のなかでも特に規模が大きかったとされる「ビッグファイブ（5大絶滅）」について簡潔にまとめたものです。このうちペルム紀末に発生した大量絶滅は地球史上最大の規模と言われており、地上に燃え広がった炎は20万年もの時間をかけて大地を焼き尽くしました。その結果、地球上の全生物の90％以上が失われたと見られています。また、5度目の大量絶滅となった小惑星の衝突では、現在のメキシコを中心に数百メートル級の津波が発生。続けて起こった急激な気温低下により恐竜を含む75％以上の生物が死滅したと推測されています。

現在、地球上に存在する生物たちは、こうした過去の大量絶滅を生き延びて、環境に適応しながら変化し、あらたな種として進化を続けてきた生物たちの末裔というわけです。

キーワード

大量絶滅

過去5回の大量絶滅があった

① オルドビス紀末
約4億4400万年前

原因（仮説）
・ガンマ線バースト
・大規模な火山活動

生物の
85%
が絶滅

激減または絶滅した生物
・三葉虫
・腕足類
・棘皮《きょくひ》動物
・サンゴ類　など

② デボン紀後期
約3億7400万年前

原因（仮説）
・寒冷化
・海中の酸素欠乏

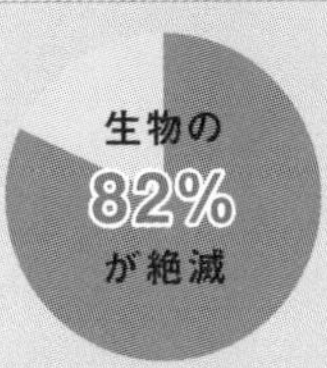
生物の
82%
が絶滅

激減または絶滅した生物
・三葉虫
・甲冑魚
・板皮《ばんぴ》類
・サンゴ類　など

③ ペルム紀末
約2億5100万年前

原因（仮説）
・海岸線の後退
・大規模な火山活動

生物の
96%
が絶滅

激減または絶滅した生物
・三葉虫
・棘魚《きょくぎょ》類
・ウミサソリ類
・アンモナイト　など

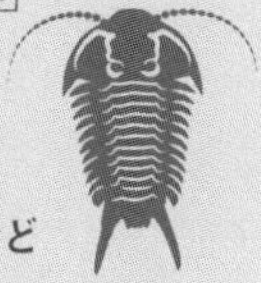

④ 三畳《さんじょう》紀末
約1億9960万年前

原因（仮説）
・大規模な火山活動
・隕石の衝突

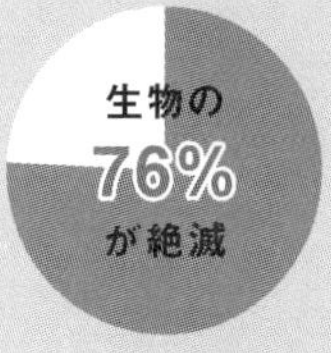
生物の
76%
が絶滅

激減または絶滅した生物
・哺乳類型爬虫類
・大型の両生類
・腕足類
・アンモナイト　など

⑤ 白亜紀末
約6600万年前

原因（仮説）
・小惑星の衝突
・寒冷化

生物の
70%
が絶滅

激減または絶滅した生物
・恐竜
・翼竜
・首長竜
・モササウルス　など

現存する生物は白亜紀末の大量絶滅を生き延びた生物の子孫

第1章 生き残った者だけが残る！ 適応と自然選択

9

人間も自然選択され淘汰されてきた！

人類も生物の一種

これまで、生物の進化の過程を見てきましたが、私たち人間も動物であり、生物の一種であることに変わりはありません。つまり、今こうして生活している私たちも、進化の過程を経て今の姿になっているのです。

私たちの祖先は、チンパンジーなどと同じサルの仲間です。700万年ほど前に、チンパンジーと人類の共通の祖先が誕生したとされています（※）。そして、約240〜180万年前に、最初の人類（ホモ属）とされる、ホモ・ハビリスが誕生します。それから、現在の人類である、ホモ・サピエンスが登場する、約20万年前までに、人類としての進化が進んでいくのです。

進化の過程で、人類は2本の足で歩く「直立二足歩行」ができるようになり、両手が自由になったことで、道具を使ったり、物を運んだりといったことができるようになりました。そして、手先を使うことで、脳も発達したのです。

ここで注目すべきなのは、脳の容量です。ホモ・ハビリスの平均的な脳の容量は、600ミリリットルほどでした。ゴリラの脳の容量が500ミリリットルほどなので、それに比べて大きくなっているのがわかります。

その後も、進化をするにしたがって、脳の容量は大きくなり、ホモ・サピエンスの平均容量は、1400ミリリットルとなります。

キーワード

直立二足歩行
ホモ属
脳容量

※西田正規・北村光二・山極寿一編「人間性の起源と進化」昭和堂

人類（ホモ属）の脳の大きさと身長の変化

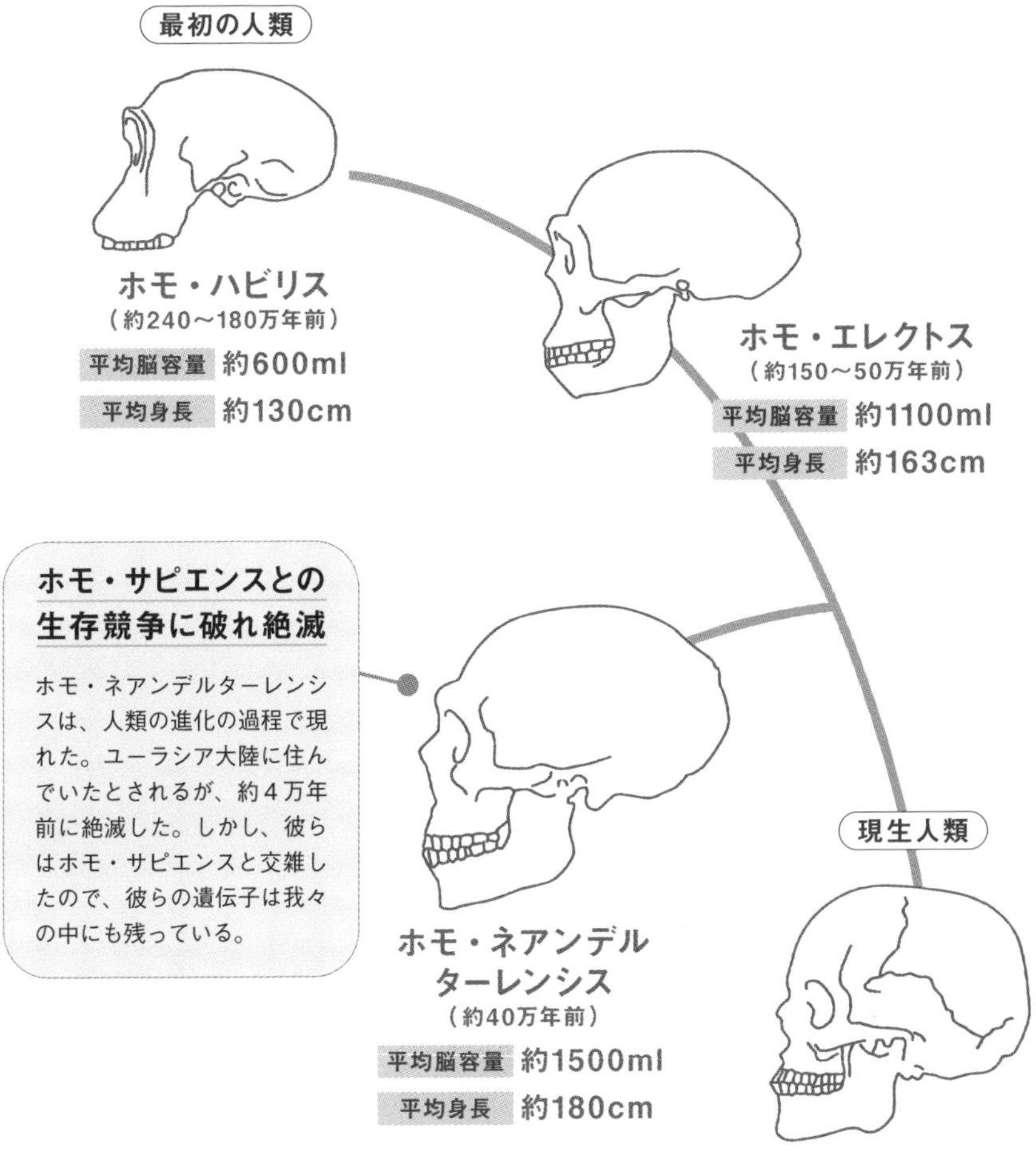
最初の人類
ホモ・ハビリス
（約240～180万年前）
平均脳容量　約600ml
平均身長　約130cm
ホモ・エレクトス
（約150～50万年前）
平均脳容量　約1100ml
平均身長　約163cm
ホモ・サピエンスとの
生存競争に破れ絶滅
ホモ・ネアンデルターレンシスは、人類の進化の過程で現れた。ユーラシア大陸に住んでいたとされるが、約４万年前に絶滅した。しかし、彼らはホモ・サピエンスと交雑したので、彼らの遺伝子は我々の中にも残っている。
ホモ・ネアンデル
ターレンシス
（約40万年前）
平均脳容量　約1500ml
平均身長　約180cm
現生人類

ホモ・サピエンス
（約20万年前）
平均脳容量　約1400ml
平均身長　約180cm

200万年以上の時間をかけ人間は現在の姿になった

最初の人類とされるホモ・ハビリスから、現生人類であるホモ・サピエンスまで、実に200万年以上の時間をかけて、骨格や筋肉、脳など体のさまざまな部分が進化して、人間は現在の姿になった。

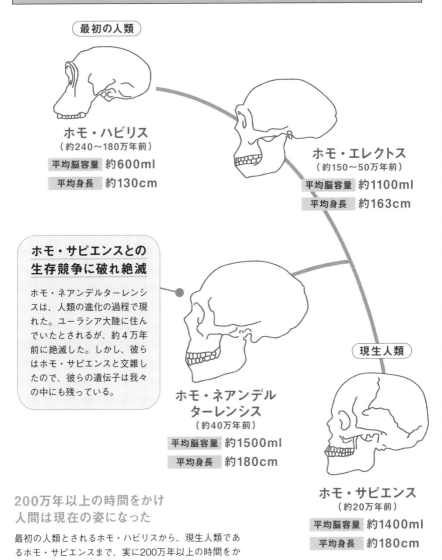

10 人間の心も進化の法則からは逃れられない！

キーワード
感情
心の働き
進化の法則

数限りなくある人間の感情

現在、人間には数多くの感情が備わっています。恐怖心、同族意識、闘争心、嫉妬心など、数え上げればきりがありません。

もちろん、それらの感情のなかには、人間以外の動物にも備わっているものがあります。しかし、人間の感情は、その体の進化や生活環境の変化に応じ、他の動物とは比べ物にならないほど複雑化し、難解になっているのです。

現代に生きる私たちにも、その進化をとげた心理が働いています。進化心理学を知ることは、まさに、今の私たちを知ることなのです。

それでは、私たちの心が、どのような過程をたどって進化してきたか、そこに関わる法則を見ていきます。

ある心の働きが、その人たちの生存と繁栄に有利になったとします。すると、その働きはやがて人間全体に広がっていくのです。これはたとえば、愛情の強さなどがそれに該当すると考えられます。このような心の働きは無数にあり、現代の人間の心は、たくさんの心の動きによって形作られています。

こうした進化は、常に一定の方向に向いていたわけではなく、そのときどきの環境によって変化します。つまり、私たちは、今も、環境の変化に合わせ、心が進化し続けている過程だと考えられるのです。

自然選択によって形作られてきた人間の心

体と同じように心も進化してきた

人間の思考や感情は、他の動物に比べてとても複雑だ。これは、人間が集団生活をするようになり、複雑化した人間関係を円滑にするために、進化の過程で手に入れたものだと考えられる。体だけでなく、心もまた進化しているのである。

進化の法則①
ある心の働き（たとえば愛情）を持つ人間が、
それを持たない人間に比べて生存と繁殖に有利になるなら
いずれその心の働きが人間全体に広がっていく

進化の法則②
生存と繁殖に有利な心の働きは無数にあり、
人間の心はそうしたたくさんの心の働きで形作られている

進化の法則③
どんな心の働きが生存と繁殖に有利になるかは、
そのときどきの環境によって変わる
古くに進化した心の働きが退化せずに残っていることも多い

あらゆる感情や思考は進化の過程で形作られてきたもの

11 生き残るために必要だった能力とは？

キーワード
狩猟採集時代
生存本能

人間への進化をうながした狩猟採集時代

ホモ属の進化のなかで、最も長い時間を過ごしたのが狩猟採集時代です。獲物を狩り、木の実などを探し求めて食料を確保していました。

そんな生活が約200万年続いたのです。その後の農耕牧畜生活が始まったのは、約1万年前です。進化の過程から考えれば、1万年というのはごくごく短い時間でしかありません。つまり、人間としての感情や行動の多くは、狩猟採集時代に形作られたと言っていいでしょう。

当時の人類は、危険な動物や、病気など、命を脅かすようなものを極力避け、かつ、必要な食料を維持し、集団を守りました。その根底にあったのは、生き残ること、そして子孫を残すことという生存本能です。

そのために必要な能力はたくさんあります。動物などから身を守る危険の回避、毒を持ったものを避ける食べ物の知識、健康な子孫を残すための配偶者の選択、集団生活を強固にするための友人関係の構築、生まれた子どもを成長させるための家族を守る心、などです。

こうした能力のうちのひとつを持った人間が生き残り、同じように生き残った別の能力を持った人間との間に子どもをもうけると、その子どもは両親からふたつの能力を引き継ぐ可能性があります。これをくり返すことで、人間はさまざまな能力を身につけることになったのです。

狩猟採集時代に必要だった生き残るための能力とは？

死の危険と常に隣り合わせだった狩猟採集時代の人類

狩猟採集時代と現代とで、最も大きな違いは、死のリスクの大きさだ。現代は安全に食料を確保し、病気に対しては医療も発達している。猛獣に襲われる、毒になるものを口にしてしまうといった恐怖から命を守るため、狩猟採集時代の人類は進化していったのである。

死を回避し確実に子孫を残すことが重要だった！

危険の回避

猛獣、疫病、事故など、命に関わる危険は、現代とは比べ物にならないほど多く、それを回避する能力は、必須であった。

食べ物の知識

毒のある食べ物を避ける知識はもちろんのこと、動物や魚など、食料を確保するための知識も必要であった。

配偶者の選択

男性は、健康な子どもを多く生む女性、女性は、より強くたくましい遺伝子を残してくれる男性を選択するようになる。

友人関係の構築

狩猟採集時代には、協力集団を作って生活するようになったため、人間同士の友人関係は重要なものとなった。

家族を守る心

生まれた子どもを危険から守り、成長させるため、家族を守る心理が生まれた。子孫を残すうえで、必要なものである。

こうした能力を持つ個体が生き残って子孫を残し、人類全体の特徴となった！

12 実は人間の性格や能力は遺伝で決まっている!?

キーワード
染色体
遺伝要因

外見だけではなく、性格も受け継がれる

人間は、遺伝要因によって親から子へとその特徴が受け継がれます。それは、染色体によって、父親と母親から半分ずつ受け継いでいるのです。

人間の染色体は、44本の常染色体と、2本の性染色体からなっており、この性染色体の違いによって、男女が分かれます。

一般的に、子どもが生まれると、「目が母親似」や、「父親に似て大きい」というように、その容姿や体格について、両親に似ていると感じることは多いでしょう。しかし、遺伝するのは、外形的なものだけではなく、性格や知能、学習能力、音楽的な才能といった内面的なものも含まれるのです。日本でも、音楽家の子どもが親と同じように音楽の才能を発揮したり、料理人の子どもが同じような才能を持ち合わせているという事例は多くあります。

もちろん、親のしていることに小さい頃から触れていたという、環境的な要因も大きいことでしょう。しかし、現代の科学では、遺伝子のなかにその才能に関わるものが含まれていることも、証明されています。

かつては、「生まれながら」という考えは、差別につながるとして、表に出てきませんでした。しかし、近年では、差のある多様な状態をよしとする考えが広まり、今日ではそれが一般的となっています。

親の特徴は遺伝要因によって子どもに受け継がれる

親の染色体を半分づつ受け取り子どもは生まれてくる

染色体は、遺伝情報の伝達を行なう生体物質で、父親と母親から半分ずつ受け継がれる。これがあることにより、生まれてきた子どもには、両親の身体的、性格的な特性が遺伝し、似たような特性を持つのである。

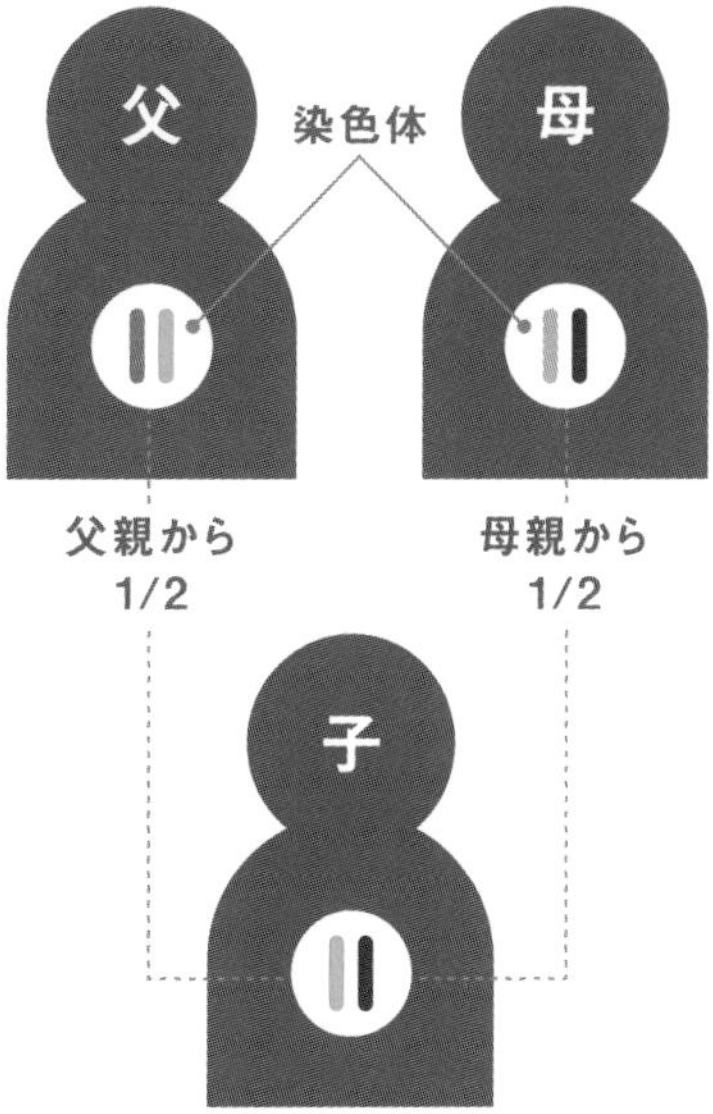

44本22対の常染色体と2本1対の性染色体

人間は、22対の常染色体と、1対の性染色体を持っている。性染色体によって性別が決まり、２本のＸ染色体であれば女性、Ｘ染色体とＹ染色体が１本ずつであれば男性になる。

遺伝で親から受け継ぐ割合の高いもの

外見的特徴

- ○体格（身長・体重）
- ○肌の色
- ○顔立ち（輪郭・目・鼻・口・耳）
- ○髪の色
- ○瞳の色
- ○歯並び

内面的特徴

- ○音楽の才能
- ○運動能力
- ○知能
- ○学習能力
- ○心理的特性（性格や行動傾向など）

身体的な特徴だけでなく心理的な特徴も親から受け継いでいる

13 「生まれか育ちか」ではなく「生まれも育ちも」と考えよう！

キーワード

一卵性双生児
二卵性双生児
双子研究

遺伝の関与度がわかる双子の研究

前項で、親からの遺伝によって、外見や内面がある程度決まると説明しましたが、もちろん、性格や能力については、その人の育った環境も大きく関わってきます。

もともとの能力と、環境的な能力、それがどのように影響しているかを調べるのに効果的なのが、双子の研究（ツインリサーチ）です。

双子には、一卵性双生児と二卵性双生児があります。一卵性双生児はもともとひとつの卵子からふたつに分かれたもの、二卵性はふたつの卵子がそれぞれ成長したものです。

一卵性双生児は、まったく同じ遺伝情報を持っていますが、二卵性双生児はそうではありません（一般のきょうだいと同程度の遺伝情報の類似性があります）。

そこで、それぞれ同じ環境で育った一卵性・二卵性の双子と、違う環境で育ったそれぞれの双子の特性を観察していきます。

同じ環境で一緒に育ったそれぞれの双子を観察すると、遺伝の影響がどの程度あるのかがわかります。一方、違う環境で育ったそれぞれの双子同士を比較すると、環境による影響の割合がわかるのです。

そうした研究の結果、遺伝の度合いと環境の度合いは、ほぼ半分ずつ（能力では遺伝が高く、性格では環境が高い）と考えられています。

一卵性双生児と二卵性双生児の違い

同じ双子でも大きく違う

一卵性双生児は、同じ遺伝情報を持った細胞が分離したもののため、遺伝子はまったく同じ。一方、二卵性双生児は、もともとふたつの細胞から成長しているため、一般のきょうだいと同じ類似性である。

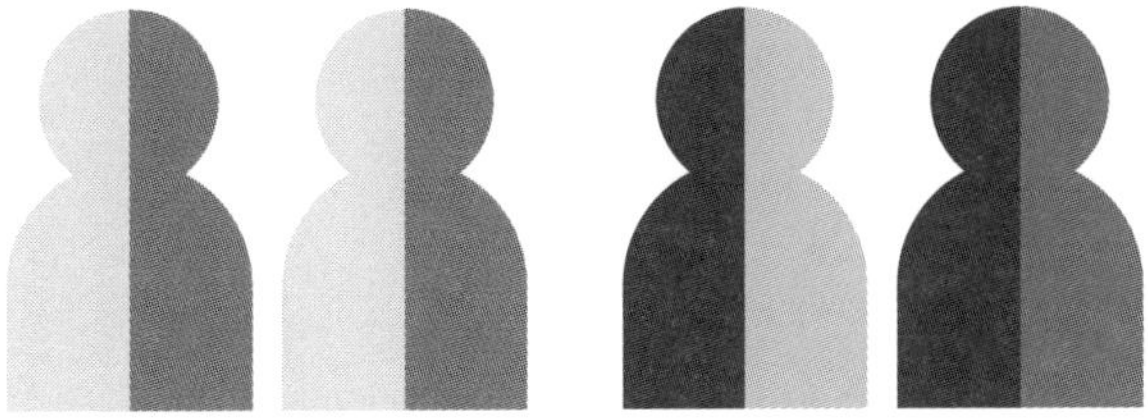

一卵性双生児
◯遺伝子が100%同じ
◯性別と血液型も同じ

二卵性双生児
◯赤の他人で異なる部分の遺伝子の半分が同じ

双子研究（ツインリサーチ）でわかること

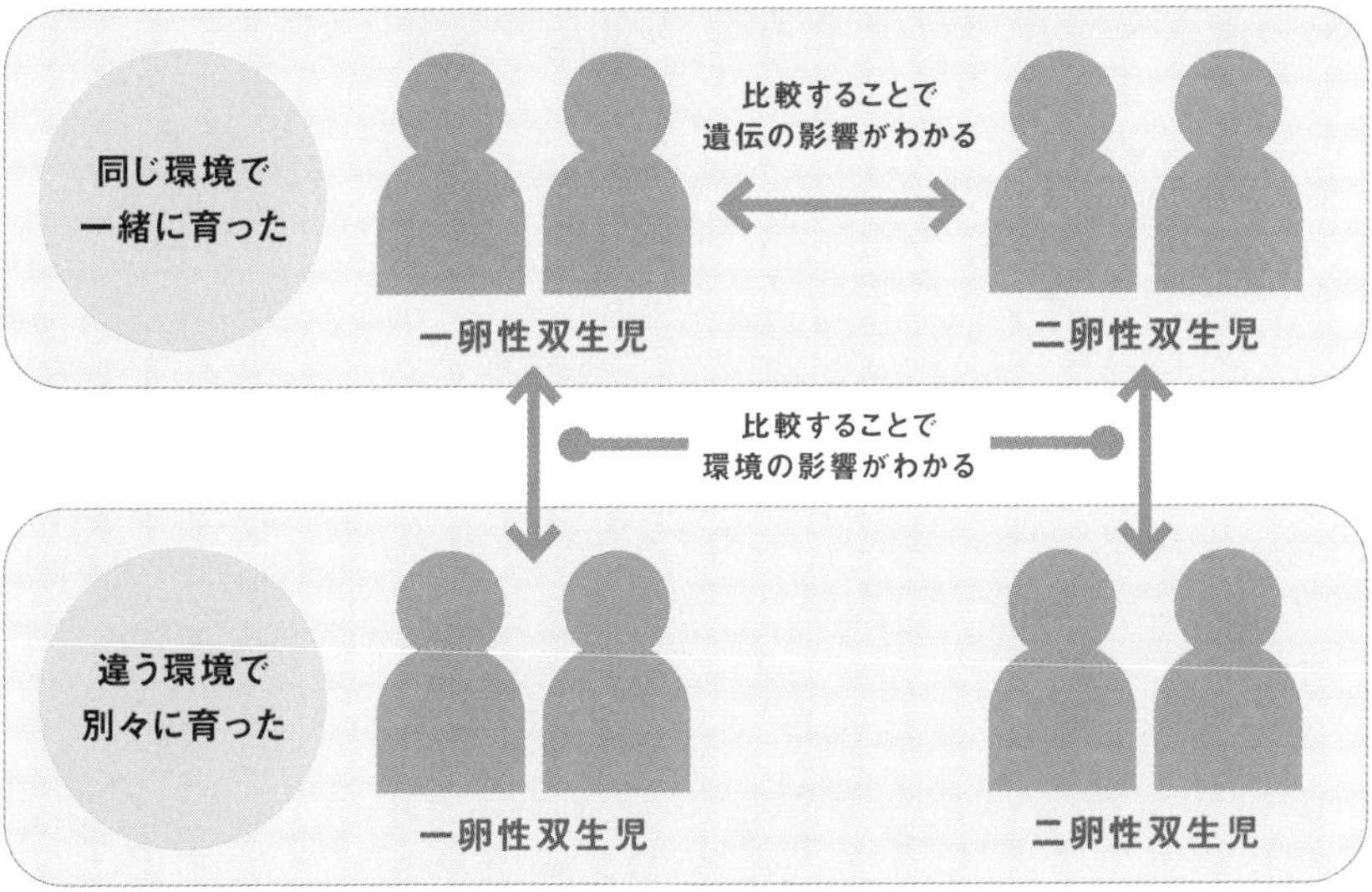
同じ環境で一緒に育った
一卵性双生児
比較することで遺伝の影響がわかる
二卵性双生児
比較することで環境の影響がわかる
違う環境で別々に育った
一卵性双生児
二卵性双生児

さまざまな双子研究の結果
生まれ（遺伝）と育ち（環境）の影響は
それぞれ半分ずつと考えられている

14 生物の行動にはすべて理由がある！

キーワード
至近要因
究極要因

至近要因と究極要因とは

進化していく過程で、私たちにはさまざまな感情や能力が備わりました。ここでは、それらを手に入れた要因を探っていくことにします。

まず、最初の段階として、その問いの性質を見ていきましょう。

私たちが、「なぜ」という問いをするとき、それにはいくつもの答えが存在します。オランダの動物行動学者、ニコ・ティンバーゲンは、その問いのパターンを、4つに分類しました。

まず生物の機能がいかにして生まれたかの経緯に注目したふたつの要因があります。ひとつは受精卵が分割を繰り返し、いろいろな経験をへてどのように生物になるかの過程を説明する「発達要因」で、もうひとつは、受精卵がもつ遺伝子がどのような進化の歴史をたどってその生物に引き継がれてきたかを説明する「系統要因」です。

残りのふたつの要因がより重要です。生物が機能する直接的な仕組みを説明する「至近要因」と、その機能が環境適応によってなぜ進化したかを問う「究極要因」です。

例えば花の色がきれいな理由に「花びらにアントシアニンという色素があるから」というのは至近要因、「鳥に花の存在を知らせて花粉を運んでもらうため」というのは究極要因です。

多角的に考えると、生物の理解が進みます。

ティンバーゲンの4つのなぜ

	機能が生まれる経緯に注目	機能が働くことそれ自体に注目
直接的な側面 生物の個々の機能は現在どのように実現されているか	発達要因 受精卵から成体へと経験を積みながら成長する過程で説明	至近要因 生物の仕組みが機能することのメカニズムを説明
根本的な側面 生物の個々の機能は過去になぜ進化したか	系統要因 何世代にもわたる種の進化の過程で機能が変化してきた歴史	究極要因 その機能が過去の環境で有利に働いた理由

視覚認識に対する各要因の説明例

発達要因 神経細胞は、眼球と脳をつなぐ形に成長するために光の刺激を必要とする	至近要因 目の水晶体が網膜に光を集めることで目が見える
系統要因 人間の祖先が小型哺乳類だった時代は夜行性だった時期があるので、人間の色識別能力は金魚やニワトリより劣っている	究極要因 目が見えることで食べ物を見つけたり、危険を避けたりできる

15 生物の行動を引き起こすメカニズムはどのように生まれたのか?!

人間の心をふたつの側面で解明

人間に限らず、すべての生物の行動には理由があります。進化心理学では、前述した「4つのなぜ」を総合的に考えます。大まかに言って直接的な側面、根本的な側面というふたつから、人間の心理や行動を説明していきます。

たとえば、「なぜ人間は恋愛をするのか?」について考えてみましょう。直接的な側面は「脳内で恋愛に関わる化学物質が分泌されるため（至近要因）」「異性に関心を持つ年齢（思春期）に達したため（発達要因）」です。

一方、根本的な側面は「恋愛感情は子孫を残す生殖行為と結びつくため（究極要因）」「一夫一妻制の心の結びつきを強める方向へと進化したため（系統要因）」となります。

従来の心理学は、直接的な側面（メカニズムと個体の発達）から人間心理について説明しようとしてきました。対して進化心理学は、根本的な側面（機能が環境に適応して進化してきた経緯や目的）も重要だと捉えているのです。

もちろん、「人間の心のすべてが進化の結果だ」などと断言するものではありませんし、生物の本能である生存と繁殖ですべて説明できるとも考えていません。直接的な側面も根本的な側面もともに重要ですが、人間の複雑な心を解明するには、とりわけ「なぜ進化してきたのか?」と、過去の歴史の振り返りが不可欠なのです。

キーワード

機能の仕組み
進化の経緯や目的

形態だけでなく行動も４つのなぜで考えられる

人間はなぜ恋愛感情を抱くのか？4つのなぜで考える

数限りない解釈や仮説のある「恋愛」。これも「ティンバーゲンの4つのなぜ」を使い、客観的に見ることで、ある程度の要因が見つけられる。それぞれの項目を見てみれば、恋愛がどれだけ複雑な要素をもちながら、私たち人間の中で起きているかがわかるだろう。

発達要因 ロマンチックな愛は小児期にはじめて現れ、思春期以降にすべての特徴を伴って現れるが、生涯にわたって現れることもある	**至近要因** 脳内のドーパミンやオキシトシンの作用が恋愛感情を引き起こす基盤になっている
系統要因 ヒトは狩猟採集時代に乱婚から一夫一妻制に婚姻形態を変化させたので現代の恋愛感情の礎がつくられた	**究極要因** より有利な遺伝子の組合せをもった子どもをもうけるほうが子孫が生き残りやすいので特定の配偶者獲得の意欲が進化した

至近要因（メカニズムなど）から考えることが多い従来の心理学に対して、進化心理学では究極要因（環境適応の趣旨など）の側面から考えることがより重要だと捉えている。

明治大学情報コミュニケーション学部教授　石川幹人インタビュー①

遺伝子からわかることとは？

□DNA配列の特定はできても機能の分析は難しい

――遺伝子の情報から何がわかるのかを教えてください。

30年ほど前になりますが、私が遺伝子の情報解析に関わっていた頃は、研究者が経験と勘をもとにDNAの塩基配列を特定するという職人芸的なところがありました。今は、塩基配列の読み取り装置が販売されていて、スピードも正確性も格段の進歩を遂げています。いまや、お金と若干の知識があればDNA配列の特定自体は容易ですが、その遺伝子がどんな機能を持つかを分析するのはとても難しい作業です。

たとえば、遺伝子の違いがどんな影響を及ぼしているのかを検出する分析は、次のように行います。ほとんどの人は同じ特性を持っていると判明している場合、違う特性を持っている少数の人々を探します。そして「その違う特性を持つ人々の遺伝子はどうなっているのか？」という観点で遺伝子解析をします。ほとんどの人が同じ遺伝子情報を持っていて、違う特性を持つ人だけが異なる遺伝子情報を持っていることがわかると、有力な手がかりになります。このように、「この遺伝子が違うと、こういうことが起きている」という因果関係をとらえるには、遺伝情報のビッグデータが必要なのです。

また、「目の色が青・茶・黒」などのはっきりとした身体特徴であれば、どこの遺伝子が関係しているかを比較的容易に探ることができます。しかし、心の働きや行動傾向のような特徴の場合は、複数の遺伝子がたがいに複雑にかかわり合って形成されているので、「この遺伝子が関係している可能性が高い」という判断はできるものの、複数遺伝子のかかわり合いの全貌を分析するのは容易ではありません。

ただ、うつ病とか発達障害に関係する可能性のある遺伝子については、少しわかりつつあります。ある遺伝子を持っていると、うつ病とＡＤＨＤと自閉症をすべて発現しやすい人がいるとか、いろんな遺伝子がネットワークになって関係していることがわかってきました。将来、こうした病気は遺伝子治療も可能になるとは思いますが、発達障害に関しては治療するのではなく、それを特性のひとつとして仕事に活かしていく方向に社会は進んでいます。全員が似たような仕事をする必要もないので、この傾向は強まるのではないかと思います。

——人間の遺伝子はチンパンジーの遺伝子と98%同じだそうですが、たった2%の違いでかなり大きな差があるように感じます。

そう感じるのは当然ですが、人間の遺伝情報（ヒトゲノム）には約60億の塩基配列があるので、このうち2%が違うというのは、生物学的には非常に大きな違いです。配列が1箇所でも違うと、体が異常に大きくなったり小さくなったりと、機能がまったく違うということも起こるので、2%も違えばそれはもう別の生物なのです。

人類学的観点で言えば、人間とチンパンジーの大きな差は社会性で、人間は社会性を身につけたことで、お互いに信頼して協力できるようになり、知識を蓄積して科学へと発展させ、文明まで築くことができました。一方、チンパンジーは他の個体に大きな信頼を寄せることはなかったため、人間のような文明を持つには至らなかったのです。

用語解説

遺伝情報（ゲノム）
親から子へ遺伝する情報のすべてが含まれている、生物の設計図にあたるもの。染色体のなかのDNA（デオキシリボ核酸）を構成する塩基の並び方（塩基配列）、タンパク質なども含まれる。

塩基対
ヒトのDNA（デオキシリボ核酸）はA（アデニン）、T（チミン）、G（グアニン）、C（シトシン）の4種類の部品でできており、AとT、GとCが結合していて、これを塩基対と呼ぶ。

環境適応
生物が環境に応じて形態、生理、行動を変化させ、適応すること。ダーウィンの自然選択説のもとになっている。

ジャン＝バティスト・ラマルク
19世紀フランスの博物学者。長い時間の中で生物は変化するものであり、よく使う器官は発達し、使わない器官は退化するという「用不用説」を提唱した。

種
生物を分類する際の基本単位。生物の共通点をもとに、一番大きなくくりの「界」から「門」「綱」「目」「科」「属」「種」の下位の階層に分類する「リンネ式階層分類」の最小単位。

チャールズ・ダーウィン
イギリスの自然科学者、地質学者、生物学者。全ての生物種は共通の祖先から長い時間をかけて、自然選択を通して進化したとする「自然選択説」を提唱した。

ニコ・ティンバーゲン
オランダの動物行動学者、鳥類学者。動物の行動に対する進化的な側面の研究の重要性を強調し、「ティンバーゲンの4つのなぜ」を提示。行動生物学分野の枠組みを作った。

第2章

協力と信頼の誕生

狩猟採集で形づくられた人間の心

1 約600万年前に誕生した人類の祖先

キーワード
共通祖先
人類・現生人類

人間は約20万年前に誕生

人類の歴史は今から約700万年前に始まりました。この頃人類とチンパンジーの共通祖先が現れ、600万年前ごろ人類とチンパンジーは別々の道を歩み始めます。人間はサルから進化したと言われますが、人間に比較的近い動物はチンパンジーで、遺伝子の約98%が同じとなっています。

その後、500万年前ごろに初期の類人猿が現れ、アウストラロピテクスなどを経て250万年前ごろに最初の人類（ホモ属）であるホモ・ハビリスが誕生しました。

そして、20万年前ごろ私たち人間、つまりホモ・サピエンスが出現します。ホモ・サピエンスは「賢い（サピエンス）人（ホモ）」という意味で、しばらくはネアンデルタール人（ホモ・ネアンデルターレンシス）やデニソワ人といった別の種族と共存していましたが、生き残ったのは私たち人間でした。

こうして人類全体の歴史から見ると、私たち人間の歴史は非常に短いことがわかりますが、その短い歴史のなかで、私たちは文明を築き上げてきたのです。しかし、第1章で説明したように、約700万年の歴史が遺伝子によって私たちに受け継がれており、心と体にはこうした古い時代の人類の特徴が色濃く残されているのです。

ホモ・サピエンス（現生人類）誕生までの流れ

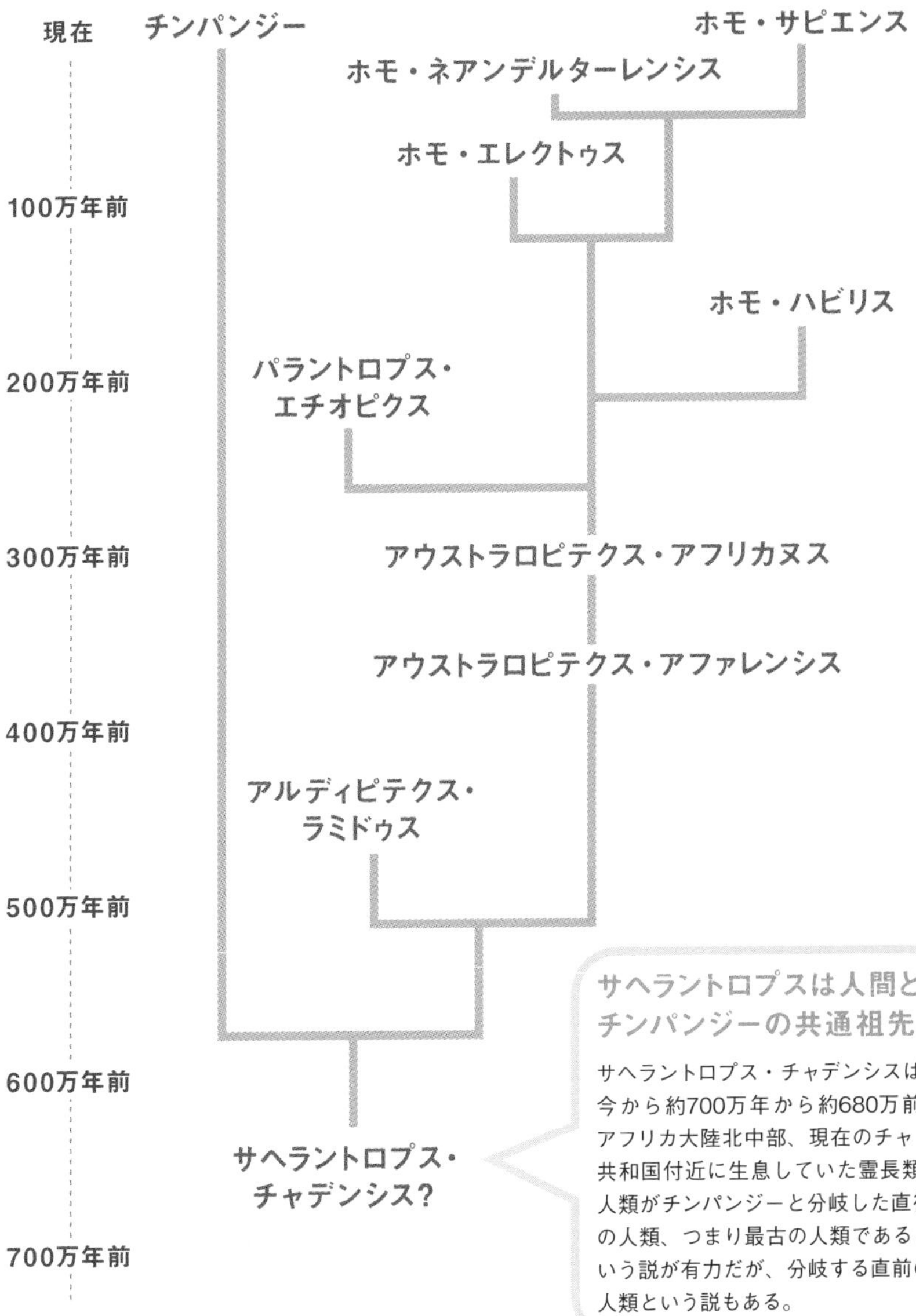

サヘラントロプスは人間とチンパンジーの共通祖先？

サヘラントロプス・チャデンシスは、今から約700万年から約680万前、アフリカ大陸北中部、現在のチャド共和国付近に生息していた霊長類。人類がチンパンジーと分岐した直後の人類、つまり最古の人類であるという説が有力だが、分岐する直前の人類という説もある。

2

人類は200万年もの間狩猟と採集で生き延びてきた

キーワード
狩猟採集
農耕牧畜
産業革命

近代文明はわずか250年

サルの一種から進化し、最初の人類が誕生した約250万年前から1万年前まで、私たちの祖先は狩猟と採集の生活をしていました。

サルの時代は森で暮らし、木の実などを採集して食べていましたが、気候変動の影響で森林が縮小したため、人類はサバンナ（草原）で暮らすことを余儀なくされました。

サバンナでは森林ほど食べ物が豊富ではなく、動物を狩り、食べられる植物を採って、その日食べられるだけ食べるという生活を送っていました。定住もしておらず、動物や植物がなくなったら、別の場所へ歩いて移動、そこでまた狩猟と採集をしてという生活だったのです。人類史全体を見た場合、人類誕生からほとんどの間、私たちはこうした狩猟採集生活を送っていたわけです。

そして、約1万年前に人類は農耕と牧畜を発明します。これにより食料の供給が安定し、定住して暮らすことができるようになりました。1万年というと非常に長く感じますが、人類史全体から見れば1％にも満たない短い期間です。

そして、今から約250年前に第一次産業革命が起き、文明は急速に発展し始めます。やがて第二次産業革命を経て、文明はさらに進歩しましたが、それは人類史全体から見ればほんのわずかな期間の話なのです。

人類（ホモ属）の歴史のほとんどが狩猟採集生活

現在
10万年前
20万年前
30万年前
40万年前
50万年前
200万年前
250万年前

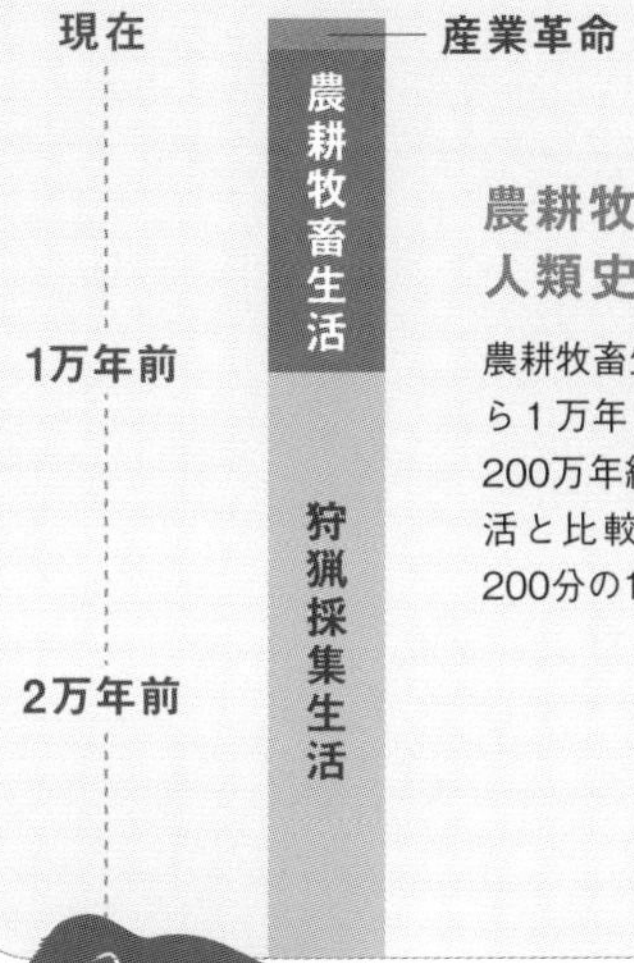
現在
産業革命
農耕牧畜生活
1万年前
狩猟採集生活
2万年前

農耕牧畜生活は人類史の200分の1

農耕牧畜生活へ移行してから１万年しか経っておらず、200万年続いた狩猟採集生活と比較するとたったの200分の1に過ぎない。

その日とれたものを食べられるだけ食べる生活

狩猟採集生活では、狩りや採集を通じて手にした食物しか食べられなかった。乾燥した木の実や種などを除けば、食べ物の貯蔵手段はなく、その日とれたものはその日に食べられるだけ食べるという生活を200万年もの間、私たち人類は送ってきたのだ。

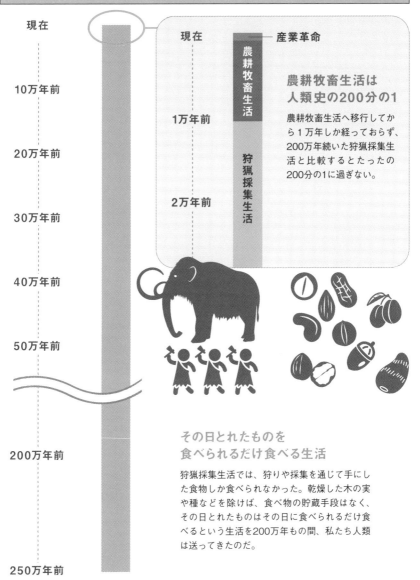

3 小規模な集団で暮らしていた狩猟採集時代

人間とチンパンジーは正反対の社会

アフリカのサバンナでの狩猟採集生活を送るようになった人類ですが、サバンナは森林と異なり食べられる植物がそれほど豊富ではありませんでした。そのため、人類は植物だけでなく動物を狩って食べるようになりましたが、当時の人類は今よりも小さく非力だったため、ひとりで獲物を狩ることは難しかったのです。

その結果、人類は100人程度の集団で協力して生活するようになりました。当時は食べ物を保存しておく技術もありませんので、その日とれたものはその日に食べるという生活でした。みんなで動物を狩ったり食物を採ったりして暮らしていたのです。食料が豊富にある時代ではありませんので、食事にありつくことができない日もあったはずです。そんな厳しい環境のなか、みんなで仲良く食べ物を分け合って暮らす、和気あいあいとした集団になっていったと想像できます。

一方、共通の祖先からわかれたチンパンジーは、人類とは正反対の階級社会を形成してきました。ボスが存在し上下関係も明確で、場合によっては協力することはありますが、ボスは食料もメスも優先され、最下位の個体は餓死することさえある非常に厳しい社会です。階級順位を巡る争いもひんぱんに起こり、殺伐とした社会と言えるでしょう。

キーワード
協力社会
階級社会

助け合って暮らしていた狩猟採集時代

協力と信頼で結びついた集団

集団のメンバーはそれぞれ役割分担があり、男性は主に狩り、女性は採集と子育てを担当し、とれた食べ物はみんなで平等に分け合い、和気あいあいと暮らしていた。こうした集団でなければ生き残れなかったため、協力して助け合うという行動様式が私たちには備わっているのである。

狩猟採集社会の特徴

- 男は協力して獲物を狩る
- 女は協力して食べ物を採集する
- 食べ物はみんなで分け合う
- 和気あいあいとした養育行動

100人程度の小規模な集団で暮らし協力と信頼で結びついていた

チンパンジーは明確な階級社会

協力はするが序列は存在

チンパンジーは群れで生活しているが、群れのメンバーは平等ではなく、アルファオス（ボス）が最高位に君臨する階級社会だ。ボスを筆頭に、階級上位のものが食料とメスを優先的に得る社会のため、順位を巡る争いが頻発する非常に殺伐とした社会となっている。

チンパンジー社会の特徴

- 最高位はアルファオス
- 20〜100頭程度の集団
- 食べ物は強い順に食べる
- 階級争いはひんぱんに起きる

オス・メスともに上下関係がある階級社会

4 密な協力を結べる人間関係は最大で150人!?

キーワード
ダンバー数
大脳新皮質
宗教の起源

知り合いの数が限られる理由

イギリスの進化生物学者のロビン・ダンバーは、霊長類の脳（大脳新皮質）の大きさと平均的な群れの大きさとの間に相関関係があることに気づきました。そして、社会的な人間の脳の大きさを計算し、人間以外の霊長類の脳の大きさと群れの個体数の分析から、人間が関係性を円滑に安定して維持できる人数は約150人であるという仮説をたてます。仲間どうしで、他の仲間と信頼を結んでいるかどうかを把握できる最大人数が150人ということです。

ダンバーはこの仮説を検証するために、狩猟採集生活の未開部族から軍隊の機動部隊まで、多くの密でフラットな集団の人数を調べました。その結果、そうした集団が150人までで構成されていることを発見したのです。

この数字は「ダンバー数」と呼ばれ、進化心理学だけでなく、人類学、社会心理学、企業経営においても参考にされています。

ダンバーは、文明社会になると人口密度があがって、150人を超える集団を形成する必要性が生じて、宗教による結束が発明されたと主張しています。

さらに、現代社会の大集団における結束は、法律などの社会的な規範の明文化と、それにもとづく組織形成によって成立しており、人間的な相互信頼はますます弱まっています。

人間が安定的に関係を維持できる人数の上限・ダンバー数

狩猟採集社会

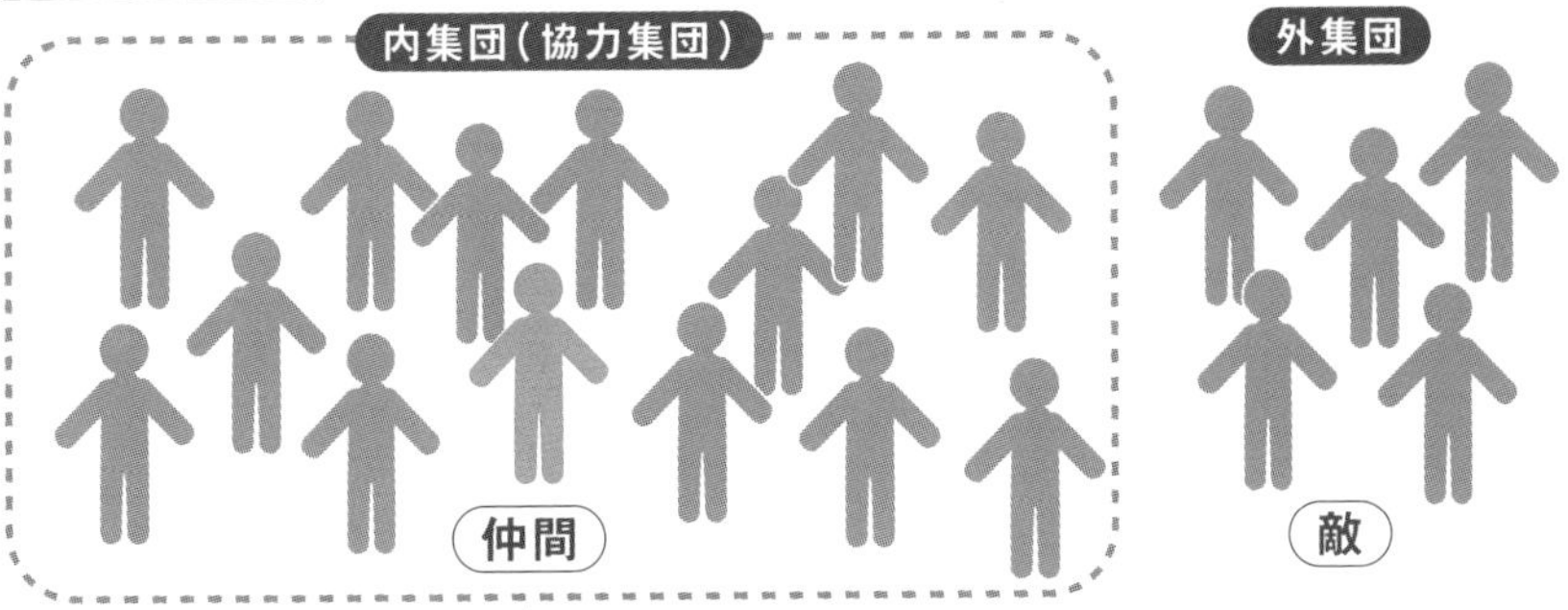

信頼を結べる人数の上限＝150人（ダンバー数）

狩猟採集社会における協力集団は100人程度で構成され、
お互いに信頼し協力し合う密な関係で、
それぞれが深い信頼で結ばれていた。

文明社会

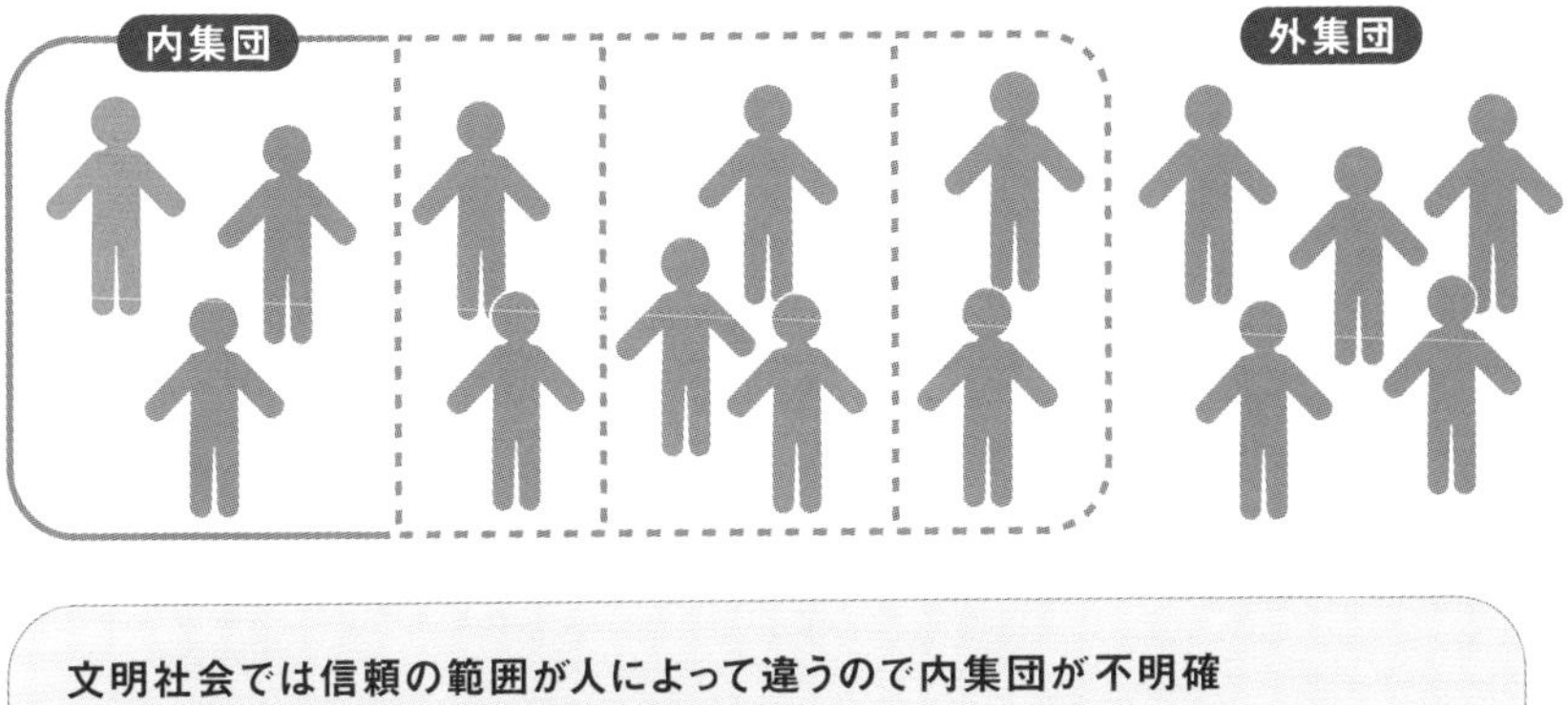

文明社会では信頼の範囲が人によって違うので内集団が不明確
それでも最大は150 人程度となるので、
それ以上の大きい集団をまとめる必要から「宗教」が発明された

5 自分の能力を活かして集団を支えることが最も重要だった！

キーワード

過酷な環境
役割分担
多様性

集団のなかで進んだ分業

狩猟採集生活の集団は、前述したように100人前後のメンバーで構成されていました。そのなかで重要だったのが役割分担です。たとえば、大型の動物を狩るとしましょう。そのとき、狩りの道具を作る人、罠を仕掛ける人、獲物を罠に追い込む人、罠にかかった獲物を攻撃する人、獲物を運ぶ人といったように役割を分担すれば、効率的に狩りを進めることができます。

そして、狩りは複数のチームが担当していたと推測されます。単独のチームで狩りを行った場合、失敗してしまうと食料が確保できません。そうなると集団全体が飢えてしまいます。そこで、狩りは複数のチームで行い、獲物がとれずに飢えてしまうリスクを分散していたのです。

こうした集団内での役割は、能力を活かしたものが割り当てられました。大きなくくりで言えば、男性は狩り、女性は採集と子育てです。そのなかで、力が強ければ獲物を攻撃する人といった具合に適材適所で決められていたのです。

サバンナのような厳しい環境では、さまざまな能力を持つメンバーで構成された多様性のある集団のほうが、生き残りやすかったでしょう。たとえば、泳ぐのが得意な人がいれば漁をすることで、食料調達先の選択肢を増やすことにつながるからです。こうして人類は、多様性を持つようになったのだと考えられます。

危険だらけのサバンナ

人類の祖先は森の木の上から サバンナに生活の場を移した

森林からサバンナに生活の場を移した人類の祖先は、過酷な環境を生き抜くために集団で協力し合って暮らすようになった。単独で生活した個体は子孫を残すことが難しく、そうした性質の個体は淘汰されていき、集団で暮らすことを選択した個体の子孫が生き残ったと考えられるのだ。

過酷な環境のなかで
ひとりで生き抜くのは不可能

集団のために自分の役割を果たしていた

男性の
主な役割は
狩り

能力を活かした役割の例

- 力が強い＝獲物を攻撃
- 足が速い＝獲物を追う
- 眼がいい＝獲物を探す
- 泳ぐのが得意＝漁に出る　など

女性の
主な役割は
採集と子育て

能力を活かした役割の例

- 手先が器用＝服や道具を作る
- 眼がいい＝見張りをする
- 子育ての経験＝子育てを手伝う
- 植物の知識＝食べ物の採集　など

**メンバーそれぞれの能力が多様なグループのほうが
生き残りやすかったと考えられる**

6 集団のメンバーは誰もが平等に扱われた

誰もが集団に欠かせない存在

狩猟採集生活の社会では、集団を統率するリーダーは存在しましたが、チンパンジーの社会のように特別扱いされるボスではなかったと考えられています。

リーダーは、状況の把握や情報の取捨選択、的確な指示ができるといった能力を持つために与えられたひとつの役割であって、他の役割を受け持つ人と特別な差はなかったのです。というのも、協力し助け合うことが前提の社会では、特別扱いされる人間が存在すると和を乱すことになるからです。

また、100人程度の小規模な集団ですから、メンバーそれぞれの能力を活かした役割と労働力は集団の維持に欠かせないものでした。そのため、リーダー役の人も含めて全員が平等に扱われていたのです。まれに協力しない人間、仲間と助け合わない人間も存在しましたが、当然のことながら集団から排除されました。このことについては次項以降で詳しく解説します。

近年、「インクルージョン」という概念が誕生し広まっています。これは、企業や団体内で多様性を持つ人々がお互いに認め合い、それぞれが能力を発揮し、一体感を持って働いている状態のことを指します。まさに、狩猟採集生活の社会であり、もしかすると人間は原点回帰をし始めたのかもしれません。

キーワード
相互協力
インクルージョン

狩猟採集時代の集団にもリーダーは存在

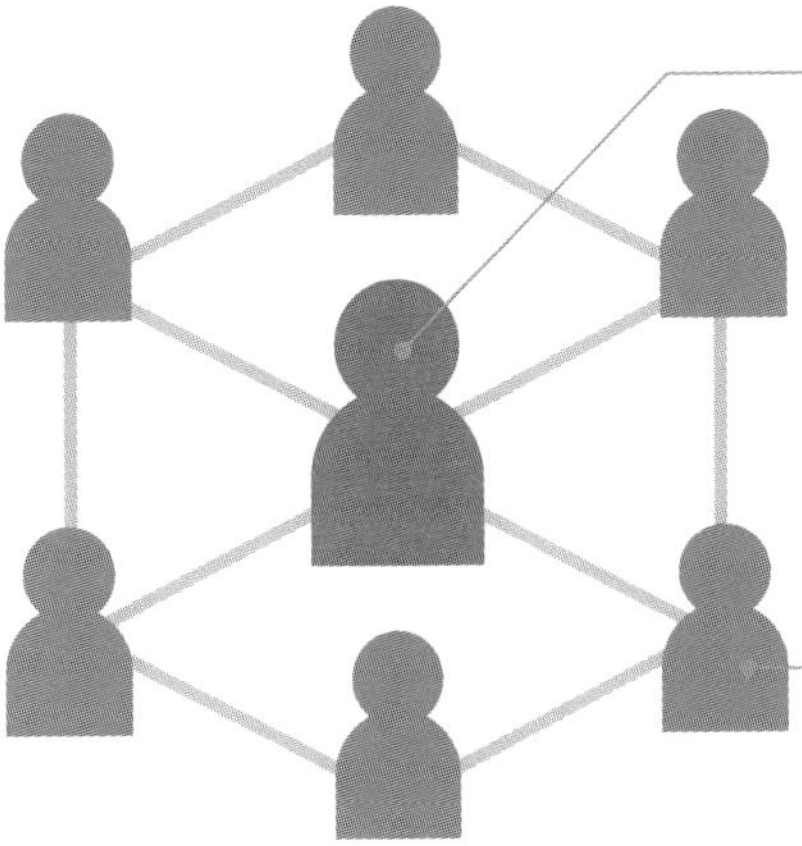

リーダーの役割

・集団の統率
・正しい情報の発信

メンバーの役割

・労働力の提供
・相互協力

さまざまな能力を持つ人が互いに信頼し協力しあう社会

メンバーそれぞれの能力と労働力は必要だったため
リーダー含めメンバーは平等に扱われていたと考えられている

危険な仕事は男性が受け持った理由

男性が死んでしまっても
女性が残っていれば子孫を残せる

集団内のメンバーは平等に扱われたが、男女における役割には前述したように明確な差が存在した。特に生命の危険がある狩りを男性が担当した理由は、筋力が強く闘争心があるといった特徴もあるが、男性はひとりいれば複数の女性を妊娠させられるため、子孫を残すために女性が大切にされたと考えられている。

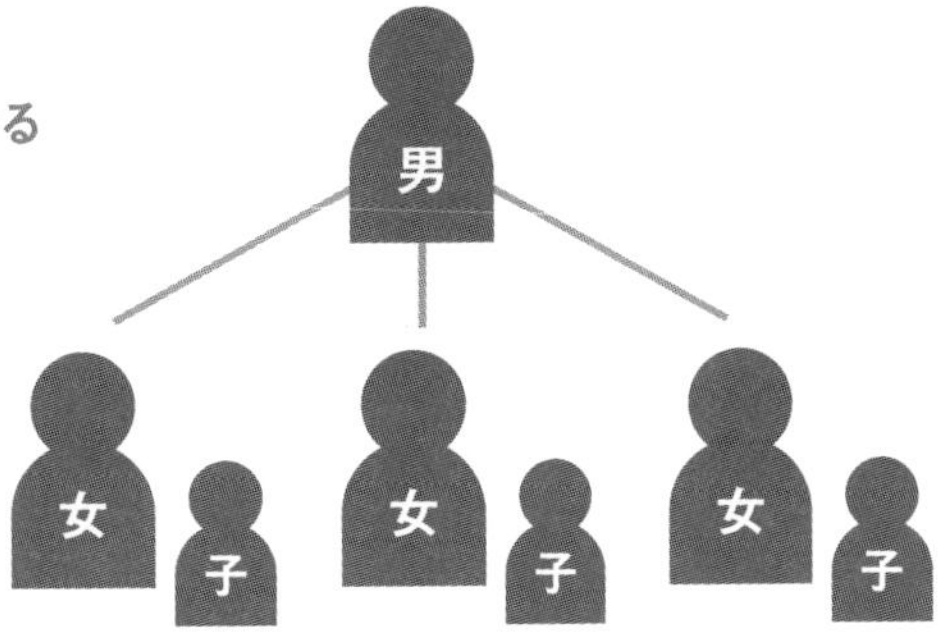

女性を守ることが子孫の反映につながった

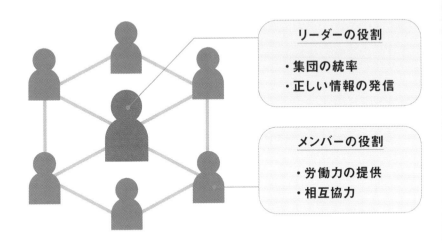

7 生き残るためのルールを破るのはご法度！

キーワード
集団のルール
掟破り防止

こうしてルールが生まれた

刑法や民法といった法律から、自治体の条例、学校や会社の規則まで、私たちはたくさんの「ルール」にしたがって暮らしています。ルールこそが、人間が集団で生活するためには欠かせないもののひとつなのです。

では、ルールや掟といった決まりごとは、どのようにして生まれたのでしょうか。

人間が集団生活を始めた狩猟採集時代、狩りをし、食料を集めるというのは命に直結することでした。しかし、動物を捕まえるにしても、植物を採集するにしても、ひとりでできることには限りがあります。そこで、みんなで力を合わせて生活することになるのです。

その際、たとえば、朝みんなで狩りに行く約束をしたのに、行方不明の人がいたらどうなるでしょう。予定より少ない人数で獲物と戦えば、それだけ危険は高まりますし、遅れたぶん狩りが終わるのが遅くなれば、夜になって同じく危険が増すでしょう。

それは、木の実や果物の収穫についても同じです。十分に実ってから食べるというルールを破ってしまえば、結果的に十分な量の収穫が得られないこともあります。

このように、ルールを守るということは、人間が生きのびるために必要なものであり、それを破ることはご法度だったのです。

集団を維持し生き残るためにルールが定められた

ルールの例　果実はしっかり熟すまで収穫しない

ルールを守る

成熟した状態で
収穫すると
十分な量の食料が得られる

集団のメンバーに
食料が行き渡る

ルールを破る

未成熟な状態で
収穫すると
十分な量の食料が得られない

集団のメンバーを
飢えさせてしまう

ルール破りをした者は怒られ
場合によっては追放された

ルールは、集団を維持するために必要な信頼関係を明確化したもの。成立した意味合いを理解していなくても、「怒られたくない」「追放されたくない」という気持ちからルールを守るようになり、それが集団の維持につながっていった。

定められたルールはメンバーの生死に直結するため
とても重要なものと認識された

8

助け合いの精神を持つ人間が生き残ってきた！

キーワード

相互協力

集団生活のなかで生まれた相互協力

誰しも、人に優しくされるのは嬉しいものです。困ったときに助けてくれたり、話を聞いてくれたりする人には、感謝の気持ちを感じることでしょう。

しかし、このように「誰かを助ける」という行動も、狩猟採集時代に人間が手に入れたものなのです。

人間が集団生活を始めると、生き残っていくためのメリットがたくさん出てきました。食料の確保や、子育て、病気になったときの対応など、ひとりでするよりも効率的にできることが多くあります。

そんななかで生まれてきたのが、助け合いの精神、相互協力です。

人にはそれぞれ得意な分野があります。狩猟採集時代であれば、足が速く、獲物を追い込むのが得意な人、力が強く、獲物を倒すのが得意な人、目がよくて獲物を探すのが得意な人など、それぞれの特性に合った役割分担をすれば、食料の確保は、より容易にできるのです。

これらのメリットを理解していた人は、助け合いの精神を持ち、集団のなかで、大事な役割を果たしていたことでしょう。

逆に、助け合いをしない人、そのような遺伝傾向を持っていた人は、排除され、生き残りにくくなっていったのです。

助け合ったほうがお互いにメリットがあって生き残りやすい

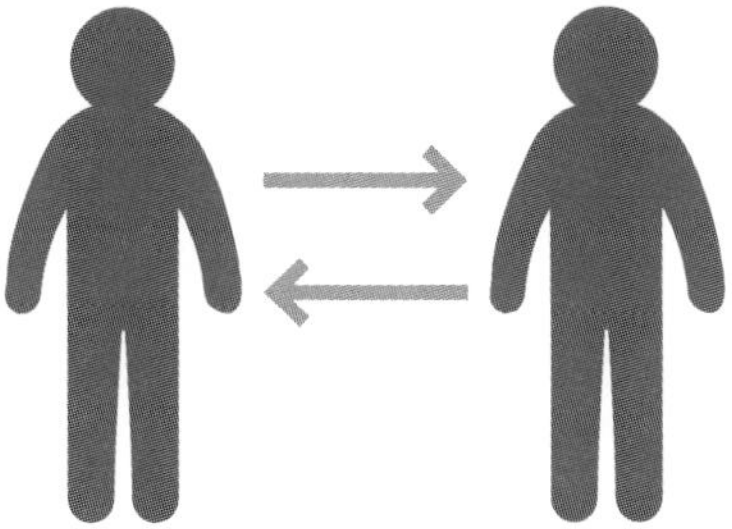

◯協力して獲物を狩る
◯採取した食料を分け合う
◯子育てを手伝う／手伝ってもらう
◯ケガを治療する／してもらう
◯看病する／してもらえる

**お互いに協力して助け合わなければ死んでしまうので
必然的に助け合いの精神を備えた人たちが生き残った**

現代人の心にも継承されている助け合いの精神

助け合いの精神は、現代の人間にも受け継がれている。日常的に、家族や職場の人などと行っている相互協力や仕事の分担も助け合いであり、突き詰めれば生き残るための手段だ。また、災害が起きたときのボランティア活動などもその顕著な例であろう。

助け合いの精神のない人間はデメリットだらけ

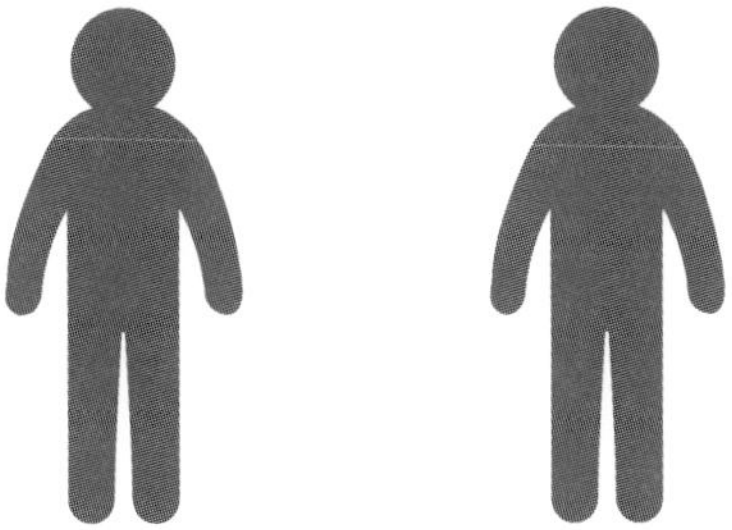

◯ひとりで獲物を狩る
◯ひとりで食料を採取
◯ひとりで子育てをする
◯ケガを自分で治療する
◯病気を自分で治療する

**助け合いをしない個体はさまざまな困難に直面し
集団にも入れず生き残りにくかった**

9 裏切り行為の代償は〝死〟

キーワード
互恵的利他行動
フリーライダー

自分勝手な行動の末に待ち受けるのは

人間は、先のことを予測し、それに基づいて行動できる生き物です。ほかの人との関わり合いのなかでも、「今これをしてあげておけば、後に利益となって返ってくる」というような計算を無意識のうちに働かせ、行動していきます。このような関係を互恵的利他行動と言います。

互恵的利他行動は、約束やルールのうえに行われますが、なかにはそういったことを守らない人も出てくるのです。

現代においても、ルールやマナーを守らずに、利益だけを得ようとする人はいます。そのような人は、経済学用語で、フリーライダー（タダ乗り）と呼ばれます。

人間の長い歴史のなかで、フリーライダーに類する人は一定数いたと思われます。いわゆる〝裏切り者〟です。しかし、特に文明が栄える前の時代では、彼らのような人は、集団から徹底的に排除されてきたのです。

当時はまだ、食料や、生活をしていくために必要な人員は、ギリギリの状態でした。そんなときに、一方的に利益だけを受け取る人が出てくると、その集団の存亡に関わるからです。

では、集団から排除された人はどうなるでしょう。当然、ほかの人からの利益を受けることができなくなり、最終的に待ち受けるのは、〝死〟のみだったのです。

互恵的利他行動とは?

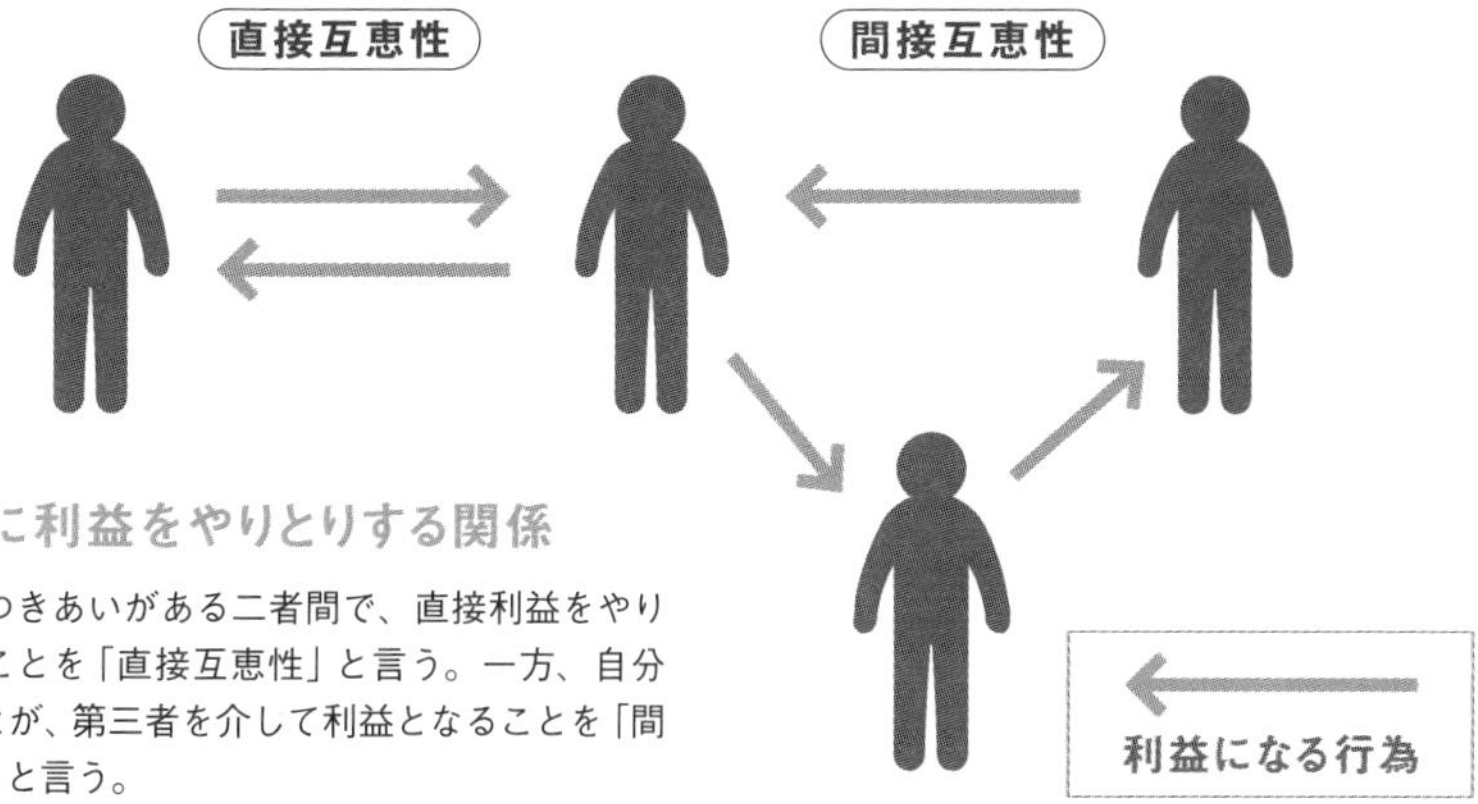
直接互恵性
間接互恵性
利益になる行為

お互いに利益をやりとりする関係

長期的なつきあいがある二者間で、直接利益をやりとりすることを「直接互恵性」と言う。一方、自分のしたことが、第三者を介して利益となることを「間接互恵性」と言う。

もらいっぱなしでお返しをしないフリーライダー

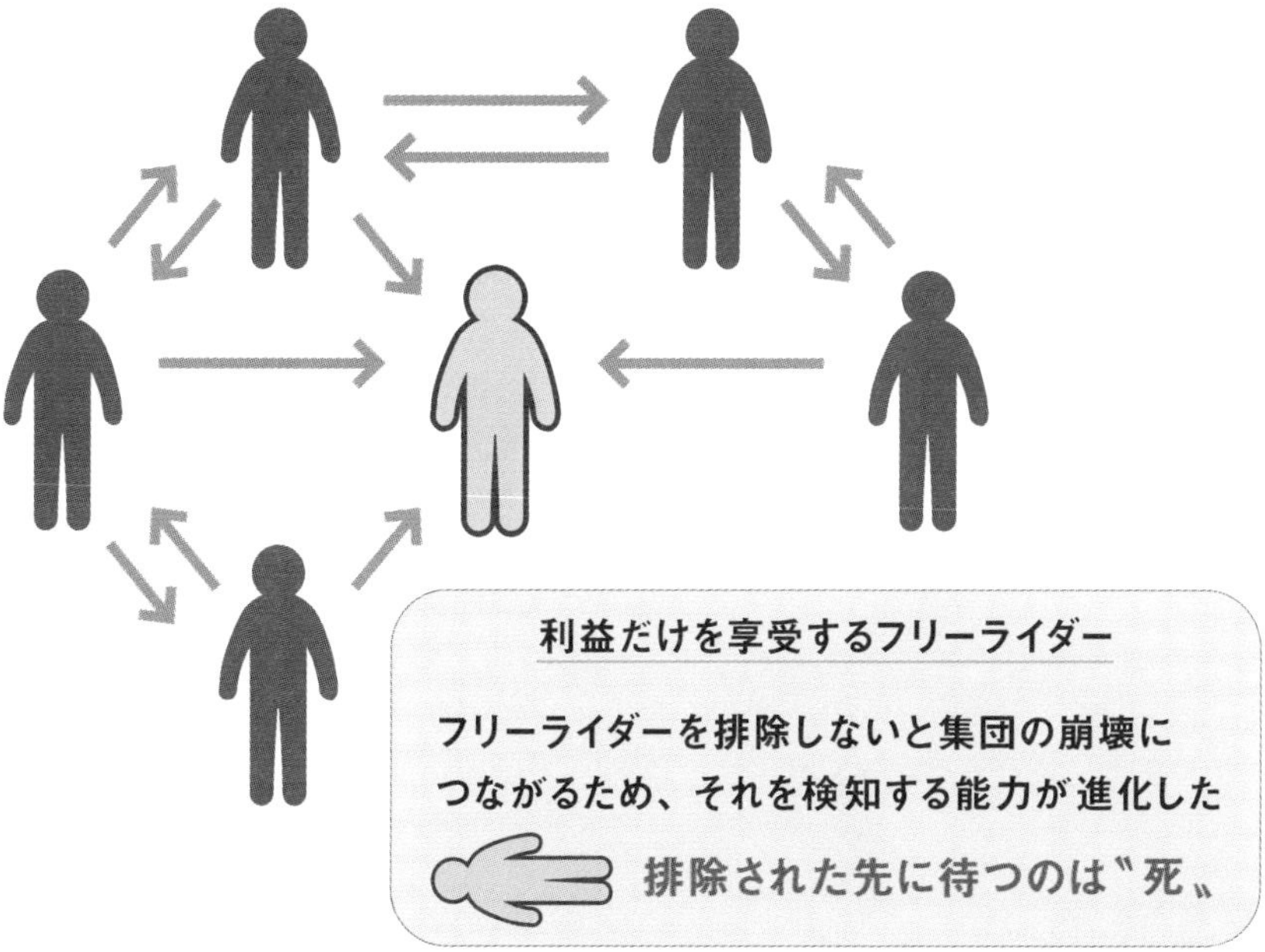
利益だけを享受するフリーライダー
フリーライダーを排除しないと集団の崩壊につながるため、それを検知する能力が進化した
排除された先に待つのは〝死〟

10 狩猟採集時代に誕生した義理人情を大切にする心

キーワード
義理人情
貸し借り

義理人情の気持ちの正体は

日本では昔から、義理人情に厚い人は、人から信頼され、慕われてきました。

この義理人情の正体は一体何なのでしょうか。

突き詰めていくと、それは人と人との間での貸し借りなのです。

たとえば、自分がAさんから、利益になることをしてもらったとしましょう。仕事を紹介してもらった、子どもの面倒を見てもらった、食べ物を分けてもらった、などです。

すると、自分は、Aさんに対して「借り」を作ったことになるのです。そして、Aさんにその借りを返さなくてはいけないという気持ちが生まれます。これが義理です。

もちろん、Aさんからすれば、貸しを作っておけば、何らかの利益が返ってくるだろうということは期待していますから、それがなされない場合は、「あいつは不義理だ」ということになるのです。

「人情」も同様です。「情けは人のためならず」という言葉のように、いつかは自分の利益になることを期待しての気持ちだからです。

これらの感情は、狩猟採集時代に生まれたと考えられます。集団活動のなかで、一方的に利益を得るようなことがあれば、集団の存続に関わります。そういった事態を避けるために生まれた感情だと言えるでしょう。

貸し借りの概念

自分が困っているときAさんが助けてくれた！
借りができた
貸しを作った
自分
A
利益になる行為
心理状態
・Aさんに感謝し恩を感じる
・借りが多いほど恩を強く感じる
心理状態
・貸しを作って恩を売っておこう
・あとで見返りがあることを期待
Aさんが困っているので助けた！
借りを返せた
貸しが
返ってきた
自分
A
利益になる行為
心理状態
・Aさんに恩を返そうと行動する
・義理を果たした、恩返しができた
・困っていたら次も助けよう
心理状態
・貸した分（場合によっては
それ以上）が戻ってきて嬉しい
・信頼できるので次も助けよう

集団内のメンバーが貸し借りを間接的にもくり返すことで
協力関係が発展

11 男性に求められたのは獲物を狩る能力！

キーワード
空間把握能力
論理的思考

狩りをするのに必要な能力とは

もともと男性と女性では、体格や腕力などに差があり、狩猟採集時代の役割分担も、それによって決まっていったと考えられます。

しかし、長い狩猟採集時代の間には、それぞれに求められた能力が、より高い人が生き残っていったのです。

この時代、男性の仕事は、基本的に狩りでした。獲物を追いかける足の速さや、動物を捕まえる力の強さ、武器を作る手先の器用さなどが必要であったことでしょう。

そして、身体的なことだけではなく、思考の傾向や精神的な部分でも進化していきました。

まず挙げられるのは、空間把握能力です。これにより、獲物を素早く見つけ、どう戦ったらいいかを見極めることができます。

次に論理的な思考です。集団で狩りをするには、誰とどのような協力をして、どんな道具を使うかなどを冷静に判断しなければなりません。そのために必要となった能力です。

そして、戦いを挑むときの心の持ち方も能力のひとつです。恐怖や不安を抑制し、勇気を持って獲物に向かう。そういう人間でなければ生き残れないのです。

これらの能力は、現在の男性にも受け継がれています。男性と女性の性格や能力の平均的な違いは、遠い昔に形成されたものなのです。

狩りの成功が至上命題だった男性

協力と信頼で結びついた集団

狩りをする男性たちには、常に死の危険があった。獲物が獲れなければ飢えてしまい、動物に反撃されて命を落とすこともある。仲間たちの役に立たなければ、集団にも入れない。そんな究極の状況で、男たちはより強い信頼と、協力関係で結びついていたと考えられる。

空間を把握する能力

- 獲物との位置関係
- 獲物の形と大きさ
- 帰り道の記憶
- 動体視力　など

論理的思考

- 人員の選択
- 人員の配置
- 道具の選択
- 場所の選定　など

戦うための心

- 恐怖心の抑制
- 不安の抑制
- 勇気
- 闘争心　など

〝獲物を狩る〟という目的を達成するために必要な能力が身についた男性

12 女性に求められたのは採集と子育ての能力！

キーワード
コミュニケーション能力
共感力

コミュニケーション能力も必要

狩猟採集時代、女性はどのような仕事をしていたでしょうか。

男性たちが狩りに行っている間、女性は食料となる木の実などを集めていました。そこで必要となったのは、探しものを見つける能力です。

具体的には、熟して食べられるようになった果実を見つける力です。今でも、女性のほうが色彩感覚が優れていると言われるのは、その時代の名残かもしれません。

また、まだ食べられるほどではない実を見つけたら、次に来たときに収穫できるようにする場所記憶力も重要です。

次に重要なのは、集団を維持するためのコミュニケーション能力です。男性たちが狩りに出ている間、女性たちは住居に残り、おしゃべりをして情報交換をしていました。今のように、テレビやSNSでたくさんの情報が得られる時代ではありませんから、毎日同じような会話をしていたかもしれません。

そんな中で重要になってくるのは、話の中身よりも、自分の感情を表現する力と、仲間によりそい、共感する力であったと考えられます。

そして、最後には、子どもを産み、育てる能力です。子どものことを考え、愛情を持って育てる。それは、今も変わらない母親の姿なのかもしれません。

円滑なコミュニケーションが重要だった女性

関係維持のための感情型の思考法

女性たちのコミュニケーションは、情報交換だけではなく、関係を維持するということも大きな目的であった。そのためには、感情を中心とした会話がなされていたことだろう。これによって、集団内の今の状況を広く確認し、共有することができたのである。

コミュニケーション能力

- 会話力
- 共感力
- 感情表現
- 協調性　など

探しものを見つける能力

- 色の識別能力
- 単純作業を続ける能力
- 場所記憶能力　など

子育ての能力

- 子どものへの愛情
- 集団保育への動機
- 赤ちゃんの扱い　など

〝集団の維持〟という目的を達成するために必要な能力が身についた女性

13

"怒り"は無駄な争いを避けるために必要だった!?

キーワード
階級争い
生存戦略
罪悪感

怒りは進化の中心的な感情

自分の嫌なことをされたとき、納得がいかなかったとき、悪口を言われたときなど、人は怒りを感じます。この怒りの感情は、どのような意味があるのでしょうか。

怒りの感情は、人間だけのものではなく、チンパンジーなどにも見られます。彼らの怒りは、階級争いの際、ケンカをすることを避けるために発達したと考えられます。ケンカをすればケガをする可能性があり、損失が大きいので怒りをぶつけ合うことで階級を決めたのです。

人間の怒りも、基本的には、「リーダーになりたい」、「上下関係を明確にしたい」といった意識の表れです。

もちろん、女性をめぐってということにとどまらず、職場や仲間内での、集団の安定化を図る意味合いがあります。

怒る側は、現在の自分の立場を誇示し、裏切りや期待に応えなかったことや、ルール違反に対する憤りをぶつけます。

一方、怒られる側は、そこで罪悪感を感じ、考えを改めたり、相手に取り入るようにと下手に出たりするのです。

実は、この関係こそ、無駄な争いを避け、集団を安定させる根本にあるものなのです。つまり、怒りは、人間のさまざまな感情を進化させる、中心的なものだったと考えられるのです。

なぜ怒りの感情が生まれたのか？

怯えてしりぞいたほうが負け

チンパンジーの階級争い

①強いオスが多くのメスと生殖できるため
オスは上下関係を巡って争った

②上下関係を決めるためにケンカをすると
ケガなどのリスクがあり損失が大きい

③怒りの感情をぶつけ合うことで
上下関係を決めた

④この争いが何度もくり返されることで
集団内での階級が決まっていった

**上下関係を形成したいという気持ちは
現代人の心にも残っている**

人間にも受け継がれ発展した怒り

怒りをぶつけられた側に罪悪感が生まれ集団の安定につながった

怒りの感情をぶつけられた側には、おびえや罪悪感といった感情が生まれる。そこで、怒った相手に対しては、気を使ったり、下手に出たりしたほうが、自分の利益が高くなると判断し、上下関係が維持されていく。それによって、集団のまとまりも安定していくのである。

怒られた側の感情

①媚びる・下手に出る
②意気消沈する
③罪悪感を感じる

怒った側の理由

①階級誇示の怒り
②権利の侵害に対する怒り
③裏切り行為に対する怒り

14 集団生活に必要だったためにさまざまな感情が生まれた

キーワード
感情表現
社会的結束力

感情は最高のコミュニケーションツール

私たち人間はその他多くの生物にはない「感情」を持っています。この感情表現は私たちの祖先がまだ狩猟や採集をして暮らしていた時代に仲間とのコミュニケーションをより円滑にし、グループを維持するための手段として発展していったと考えられています。

たとえば「嬉しい」「楽しい」といった肯定的な感情は、食欲や所有欲、性欲などの欲求が満たされることで感じることが多いものです。それによって得られる高揚感や満足感が次の努力を促す力にもなります。また、グループの誰かが楽しい気持ちになっていると、その感情が伝播してグループのムードがよくなり結束力が高まる、といった社会的な影響もあるのです。肯定的な感情は衣食住や生命の安全、繁殖行動などの生活に密接した基本的感情でもあるため、この感情を持たない、あるいは感情が希薄な個体は必然的に淘汰されていきました。

一方、「苦しい」「悲しい」といった否定的な感情は、大きな困難に直面したり、大切な何かを喪失したりすることで感じるものです。裏を返せば、その状況を脱するための行動を促す感情とも言えるでしょう。また、社会的な役割としてグループ内に同情や罪悪感といった共感をもたらしますが、それが転じて「助け合い」の気持ちにつながったと考えられます。

嬉しい・楽しい（肯定的な感情）

個人の感情

- 欲求が満たされたので快適で楽しい
- 快適さを求めて生活基盤を整える

共感

- あなたが楽しいなら自分も楽しい（対個人）
- みんなが楽しそうなので自分も楽しい（対複数人）
- 集団の仲間が楽しんでいるできごとは
自分にとっても楽しいできごと（対集団）

肯定的な感情への共感は集団内の協力を促した

苦しい・悲しい（否定的な感情）

個人の感情

- 大切なものを喪失して悲しい
- 他者との関係が悪くて悲しい

共感

- あなたが悲しいなら自分も悲しい（対個人）
- みんなが悲しそうなので自分も悲しい（対複数人）
- 集団の仲間が悲しんでいるできごとは
自分にとっても悲しいできごと（対集団）

否定的な感情への共感は同情や罪悪感を生んだ

15 肯定的な感情への共感は同情や罪悪感を生んだ

キーワード
社会的関係の確認
言語の起源

仲間を作るために重要だった噂話

チンパンジーは他者とのコミュニケーションに毛づくろいを行ないます。身体についた寄生虫を取ってあげることで、互いの関係性の確認や好意などの肯定的感情を伝え合うのです。一方、人類は集団の規模が大きくなり、社会的関係の確認に会話を使い始めました。

イギリスの人類学者ロビン・ダンパーの調査によると、人が会話する際の話題のおよそ7割が個人的な人間関係、あるいは自分や共通の知り合いが登場するエピソードで占められているそうです。つまり人々の会話のほとんどは社交的なおしゃべり（＝噂話）だということ。ほかの研究者からもほぼ同様の調査結果が寄せられており、「噂話が7割」という説はそれほど的はずれなものでもなさそうです。

では何故、人々はそれほどに噂話を好むのでしょうか？ 先述のダンパー博士によれば、言語を基礎とするコミュニケーション能力の発達において、噂話の共有こそが中核的な役割を果たしてきたと言います。社交的な会話をすることでお互いをより深く理解し、良好な関係を維持する。小規模かつ閉鎖的なコミュニティで進化の歴史を紡いできた人類にとって、こうした他愛もないおしゃべりによるコミュニケーションは、仲間とうまく付き合っていくために必要な「世渡りの術」だったわけです。

噂話をはじめとした言語の起源は毛づくろい

チンパンジーは毛づくろいで社会的関係を確認

- 上下関係の確認
- 協力関係の確認
- 喧嘩したあとの仲直り
- 愛情や友情を確認

チンパンジーの毛づくろいは身体についた寄生虫などを駆除することが目的だが、実はそれだけではなく、お互いの関係性を確認したり、好意や謝意を伝える肯定的なコミュニケーション手段としても活用されている。

集団の規模が100～150人と大きくなった人間は毛づくろいで社会的関係を確認することが不可能になった

人間は話すことで社会的関係を確認

- 話をすることによって同時に複数の他人と良好な関係を維持
- 人が話している内容の7割は社交的な話題（＝噂話）

人間の主たるコミュニケーション手段は会話。言葉を交わすことで関係性を構築、維持しているが、実はその7割が社交的な話題で占められているという。そんな他愛もない会話のできる距離感が互いにちょうどいいのかもしれない。

人間は言葉によって社会関係を維持できるようになった

16 病気を避けるために生まれたゴキブリへの嫌悪感

キーワード
恐怖心
嫌悪感
病原体回避

「恐怖心」と「嫌悪感」は生存戦略

ゴキブリが苦手という人はかなり多いと思います。なかにはこのカタカナ4文字やシルエットのイラストを目にしただけで全身が総毛立つほどの強い嫌悪を感じる人もいるかもしれません。なぜ人間はこの小さな昆虫をそこまで忌避するようになったのでしょうか？

私たちが感じる恐怖や嫌悪といった感情は、生まれながらに遺伝子に組み込まれている情報に基づくものです。たとえば高い所から落ちて大ケガをする、水に溺れて死ぬ、肉食動物に襲われるといった状況を目の当たりにした人間は、その体験を「恐怖」として回避する行動があれば、それらのリスクを遠ざけることで自身とその子孫たちの生存率が高められました。

一方で即座に死ぬことはないが、接触することで汚染されたり、病原体をうつされたりするリスクがある生物や汚物に対するシグナルとして備わっているのが「嫌悪感」です。ゴキブリを見た瞬間、「殺される！」と感じる人はまずいないと思いますが、「不潔そう」「気持ち悪い」「病気持ってそう」「飛んだらどうしよう」などの漠然とした不安を感じる人は多いと思います。これはゴキブリが危険な病気を媒介する可能性があることを遺伝的に知っているため、強い嫌悪感によって潜在的なリスクを回避するように刷り込まれた生存戦略なのです。

恐怖心

目に見える危険を避けるために発達した〝恐怖心〟

即座に死に繋がるような危険な状況を避けるために備わっているのが「恐怖心」。クマやオオカミなどの肉食動物、高い崖、深く流れのある水場、暗闇などを直感的に怖いと感じることで、リスクを回避し、少しでも生き残る確率を高めてきたのである。

対象は直接的な危険・脅威

- 肉食獣(捕食者)、毒蛇
- 高い場所や狭い場所
- 暗い場所
- 底知れぬ深い水　など

危険な状況を察知して いち早く対応することで 生き延びやすい

嫌悪感

目に見えない危険を避けるために発達した〝嫌悪感〟

寄生虫などの病原体や感染症といった目に見えない危険を遠ざけるために発達した感覚が「嫌悪感」である。生死に関わるような直接的な危険はなくても、汚い、臭い、気持ち悪いなどのマイナスの感情を持つことで潜在的なリスクを低減している。

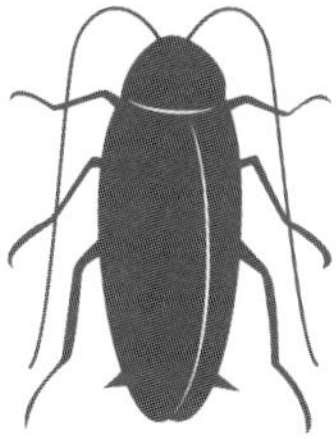

対象は間接的な危険・脅威

- ネズミやゴキブリ
- 体液、吐瀉物、排泄物
- 死骸
- 腐った食べ物、毒草　など

感染症や寄生虫のリスクを 避けるようにすることで 生き延びやすい

17 なぜ長老は尊敬されたのか？

昔は年長者＝経験豊富な指導者だった

世界の先進国の例に漏れず、日本でも人口の超高齢化が大きな社会問題となっています。おじいちゃん、おばあちゃんがいつまでも元気で健在なのは家族にとって嬉しいことですが、その一方で介護職の現場が慢性的な人手不足にあえいでいたり、年老いた親の世話を誰がするかできょうだい間で争いになったり、といった話もよく見聞きするようになりました。

人類がまだ狩猟や採集に明け暮れていた時代、その平均寿命は男女ともに30歳前後でした。常に死と隣り合わせの過酷な環境で暮らしていたため、30歳を超えて長生きできる人はごくわずかしかいなかったのです。そんな超短命社会であったからこそ、豊富な知識と経験を持った年長者は頼れる存在であり、同時にグループの指導的な立場（長老）としても敬われていました。年長者もまた若い世代に知識を分け与えたり、女性であれば子育てを手伝ったりと、自らの経験を活かしてグループの維持と繁栄に貢献していたのです。反対に年長者を邪魔者扱いし、迫害したグループは困難に直面したときの知識や経験不足が原因で生き残ることが難しかったとも推測されています。現在、私たちの多くは年長者を敬い、大切にするという感情を持っていますが、これは人類の祖先たちが培ってきた感情に由来するものなのです。

キーワード
年長者の知恵
子育ての手伝い

人が短命だった時代に貴重な存在だった長老

豊富な知識や経験に基づく的確なアドバイスをしてもらえた

今ほど人間が長命ではなく、情報を手に入れるのも難しかった時代、豊かな経験を持ち、さまざまな知識に通じた年長者（＝長老）はとても貴重であり、グループ内でも一目置かれる存在だった。指導者として人々を率い、敬われることも多かったようだ。

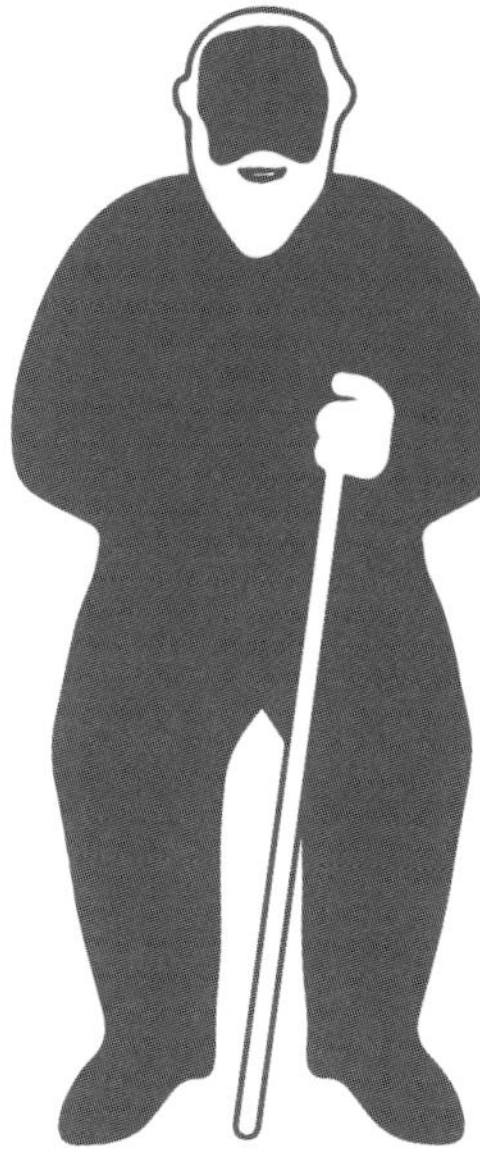

長老が大切にされた理由

①親から受けた愛情を恩で報いる

②集団に貢献してくれた先人に恩で報いる

③生活のノウハウが人伝の時代に豊富な知恵や経験を持っていた

長老を敬う心を持つ人たちが生き残ってきた

年長者をやっかいものとして大切に扱わなかった集団は生き残りにくかった

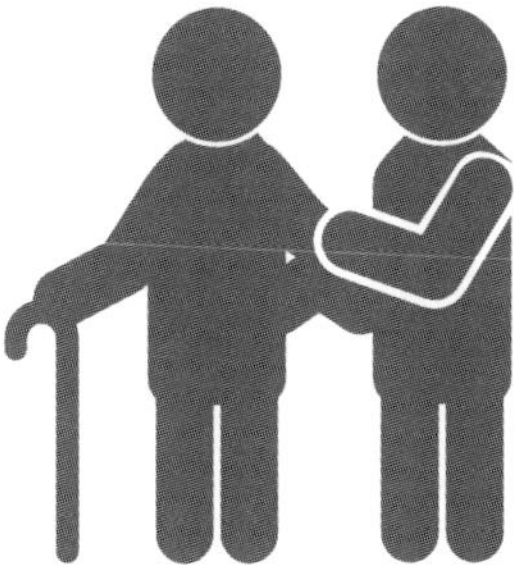

知恵の宝庫だった年長者を大切に扱った集団は生き残りやすかった

18 親と子の対立は狩猟採集時代に始まった!?

生存戦略が親子対立の原因に

多くの生物は子どもが生まれて親になると、しばらくの間、子どもの世話にかかりっきりになります。これは我々人間も同じ。むしろその後20年近くに渡って面倒を見続けるというのはほかの生物には見られない人間固有の特徴のひとつと言ってもいいでしょう。

子育てをするほぼすべての生物は、子どもが自分で食料を調達できる程度にまで成長したら子どもを突き放すようになり、他人のように冷淡に振る舞います。それまでの甲斐甲斐しさが嘘のような豹変ぶりです。実はこれには理由があって、親は次の繁殖の準備をするために早々に子離れして、子どもの自立を促すのです。遺伝子の適応度を上げる（＝より多くの子孫を残す）には必要な行動というわけです。

しかしこれは親の側の都合。子どもからすれば1日でも長く親の世話になったほうが利益が大きいので、なかなか親離れしてくれません。特に人間は子育ての期間が長いからなおさらです。こうした親子の利益が相反する問題（対立関係）を解決するため、人間はグループで協力して子育てをするという仕組みを作り上げました。この仕組みによってやむを得ず子どもを捨てる、育児放棄するといった状況は減り、親子や親族間の結び付きがより強固な互恵的関係へと発展していったと考えられています。

キーワード
遺伝子の適応度
互恵的関係
利益相反

親子の互恵的関係

親は愛情を注いで育てる

子は育ててくれた恩に報いる

親子の結びつきが強固になり
血縁集団の結束が強くなった

親子の対立関係

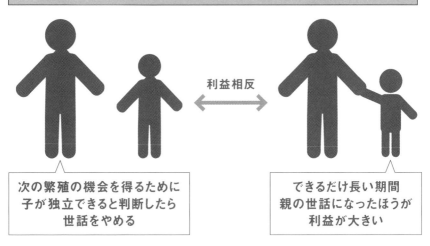

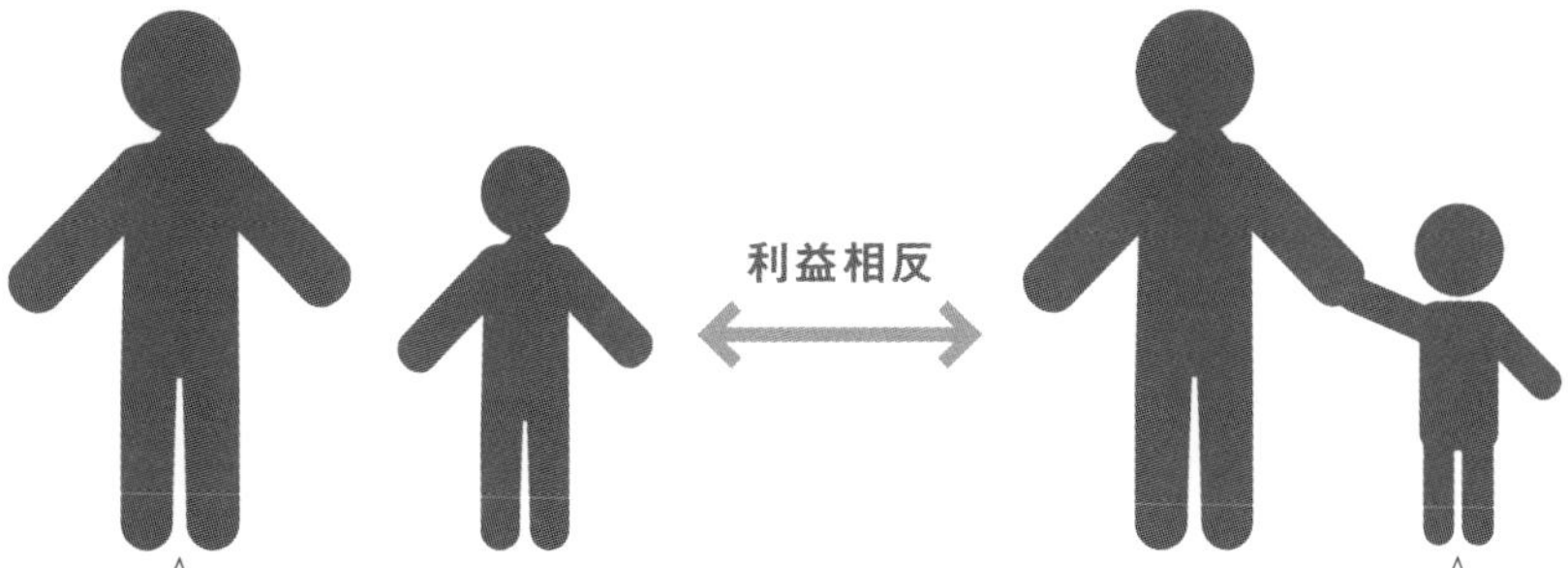

次の繁殖の機会を得るために
子が独立できると判断したら
世話をやめる

できるだけ長い期間
親の世話になったほうが
利益が大きい

親子の利益が相反してしまうため
人間は集団で子育てに協力する仕組みを発達させた

19 人間の心は独自の機能を持つたくさんのモジュールで構成されている

キーワード
心のモジュール性

感情のゆらぎは心のモジュールのせい

外見上、脳は単一の器官ですが、その機能は部位によって物を視るところ、言語を操るところといった具合に能力ごとに分かれているのはみなさんご存じのとおり。こうしたさまざまな機能を持つ神経回路の集まりを〝モジュール〟と呼びます。これらの各モジュールは進化の過程で独立した機能として環境適応の結果、形成されていったものだとされます。

では、脳と同じように人間の感情や思考、アイデンティティを司る「心」についてはどうでしょうか？　これまで本章で解説してきたとおり、人類は狩猟採集時代から生き残るための必要な能力として、さまざまな機能や感情を自然選択的に発達させてきました。喜びや悲しみ、怒り、恐怖、嫉妬、共感といった個々の機能を「心のモジュール」として受け継いできたのです。ただ、脳のモジュール性と違うのは、心は異なる機能のモジュールを集めただけのものではない、というところ。特定のモジュールが独立して働くのではなく、そのときどきの状況や事柄に応じて機能するモジュールが変化し、複数のモジュール間で情報のやり取りなども行なわれるのです。私たちの思考や感情、行動に常に一貫性がないのはこのため。同じ相手、似たような場面でも感じ方や反応が違ってしまうのは、ある意味仕方のないことなのです。

心のモジュール性

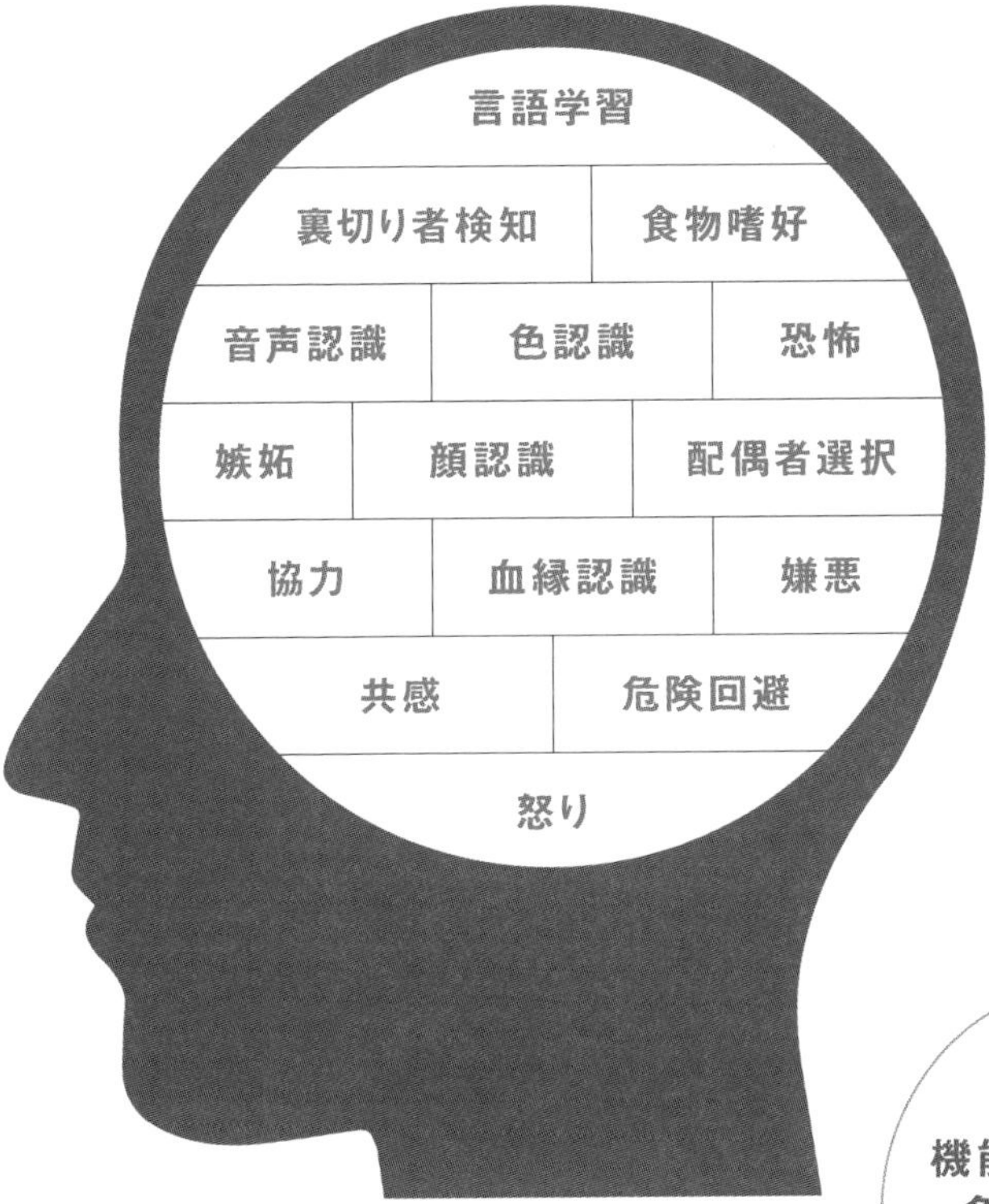
言語学習
裏切り者検知
食物嗜好
音声認識
色認識
恐怖
嫉妬
顔認識
配偶者選択
協力
血縁認識
嫌悪
共感
危険回避
怒り

さまざまな
機能と役割を持つ
多目的ナイフの
ようなもの

人間の心は自然選択されてきたモジュールの集合体

上図のように人間の心はさまざまな感情や機能のモジュールが集まってできている。場合に応じて機能するモジュールが切りかわるため、同じようなシチュエーションであっても感じ方やリアクションが異なることがある。

明治大学情報コミュニケーション学部教授　石川幹人インタビュー②

サイコパスはなぜ淘汰されなかったのか？

□集団に必要だったサイコパスの性質

――反社会的な存在であるサイコパスは、なぜ狩猟採集生活の協力集団で淘汰されず、現代まで生き残っているのでしょうか？

サイコパスというと、凶悪な犯罪者、社会の規範を守らないダークな存在といったイメージを持つ方が多いと思います。確かに一昔前はそういう位置づけだったのですが、心理学者のケヴィン・ダットンが「恐怖感情が低い人」と新しく定義し直して、これが現在のスタンダードになっています。この定義に基づくと、サイコパスというのは、恐怖や不安といった感情と深く関係している脳の「扁桃体」の部分の機能が落ちた人ということになります。

狩猟採集時代の協力集団で、サイコパスのような集団の和を乱しかねない性質を持つ人が淘汰されなかった理由ですが、当時の危険な環境下での生活では、恐怖心がない人は危険な役割を引き受けてくれるので重宝されたからだと考えられます。たとえば、狩りで先頭に立って獲物と闘う、新しい居住場所を探すために見知らぬ土地に踏み込むといった役割は、恐怖心の低いサイコパスのほうが向いていたわけです。

ただし、サイコパスは社会のルールを守らずに排除されることに対しても恐怖が低いので、反社会的になりやすいのも事実です。そういう観点では集団から排除されるなど、ある程度は淘汰されたはずです。また、危険と隣合わせの役割を担う分、死んでしまう可能性も高かったので、人口に対するサイコパスの比率は抑えられ、サイコパスばかりという状況にもなりませんでした。完全に淘汰されなかったのは、サイコパスには役に立つ部分もあったからなのです。

――現代のサイコパスは、どのように文明社会に存在しているのでしょうか？

現代の文明社会は安全な社会で、狩猟採集時代のような死と隣り合わせた危険はありません。しかも、協力集団のなかで必ず生きなければ行けないという時代でもありません。そのため、恐怖感情が低く挑戦的なサイコパスのほうが、さまざまなことに積極果敢に挑戦でき、むしろ現代という時代にフィットして活躍できると考えられます。

とくにサイコパスに向いているのは新しいことに挑戦するベンチャーです。目的のためなら冷徹にやるべきことをやれるサイコパスが、有能な経営者やリーダーとなって、社会の第一線で活躍しているケースは少なくありません。投資家も向いているという意見もありますが、投資家に関しては恐怖心もあったほうが暴走しないため成功する可能性が高く、サイコパスは向いていないとも考えられます。

たとえば、「高所への恐怖心」をまったく持たない人が、高所作業という仕事に向いているかというと、必ずしもそうとは言えません。なぜなら、恐怖心がまったくないと、ケアレスミスで落ちて死んでしまう可能性が高まるからです。ですから、ある程度の恐怖心は持っていたほうがいいわけです。

用語解説

遺伝子の適応度

ダーウィンの「自然選択説」の考えに基づき、ある生物個体がその生涯で生んだ次世代の子のうち、繁殖年齢まで成長できた子の数のことを指す。

ケヴィン・ダットン

イギリスの心理学者。オックスフォード大学実験心理学部教授。サイコパス英国王立医学協会およびサイコパシー研究学会会員。社会的影響の研究における第一人者。サイコパスの心理的特性を解き明かした『サイコパス 秘められた能力』で広く知られる。

現生人類

現在地球上に広く分布する私たち人類（ホモ・サピエンス）と生物学上同種の人類のこと。

サイコパス

他人の感情を理解する能力が欠如し、社会的な規範や法律を無視する傾向を持つ精神疾患の一種。ケヴィン・ダットンは「恐怖感情の低い人」と定義した。

産業革命

18世紀後半、イギリスで始まった産業の変革と石炭利用によるエネルギー革命のこと。生産活動の中心が「農業」から「工業」へ移ったことで、社会構造の変革が起きた。

扁桃体

アーモンド（扁桃）形の神経細胞の集まり。情動反応の処理と短期的記憶において主要な役割を持つ。特に恐怖、不安、緊張反応に重要な役割を担う。

ロビン・ダンバー

イギリスの生物学者、人類学者、進化生物学者。オックスフォード大学の進化生物学の名誉教授。霊長類行動の世界的権威で、ひとりの人間が持てる友達の数は最大150人とする「ダンバー数」や、ゴシップや飲酒が人間関係の円滑化に重要な役割を果たすことを示した研究でも知られる。

第3章

一万年前と変わらない心

現代社会と心の不適合

1 1万年前から進化していない人間の心

生物は1万年では進化しない！

私たち人間は、200万年以上という非常に長い間続いた狩猟採集生活に適応するように進化し、感情や行動のモジュールを多数獲得してきたことはすでに説明したとおりです。

狩猟採集生活が終わりを告げたのは今から約1万年前のこと、人類は農耕と牧畜を発明し定住を始めました。1万年と聞くととても長い時間に思えますが、世代間隔を短めの20年（20才で子どもを産むサイクル）と過程しても、500世代しか経過していません。この500世代というのは生物の進化にとっては非常に短い時間と言えます。突然変異によって環境に適応した特性が偶然生まれ、種に普遍的に備わるには、あまりにも短過ぎるのです。

ところが、私たちを取り巻く環境はこの1万年で大きく変わりました。農耕牧畜生活への移行によって定住生活が始まり、人口密度が急速に増大して世界各地で文明が花開きました。そして、今から約250年前に始まった産業革命によって、私たちの暮らしは急速に近代化を遂げ、大きく変貌したのです。

つまり、私たち人間の心と体は狩猟採集生活に適応した状態のまま、現在の近代化した生活を送っているという状況なのです。第3章では、この心身と環境のズレによって引き起こされるさまざまな問題について考えていきます。

キーワード
世代
文明社会

現代人の心は原始人と同じ

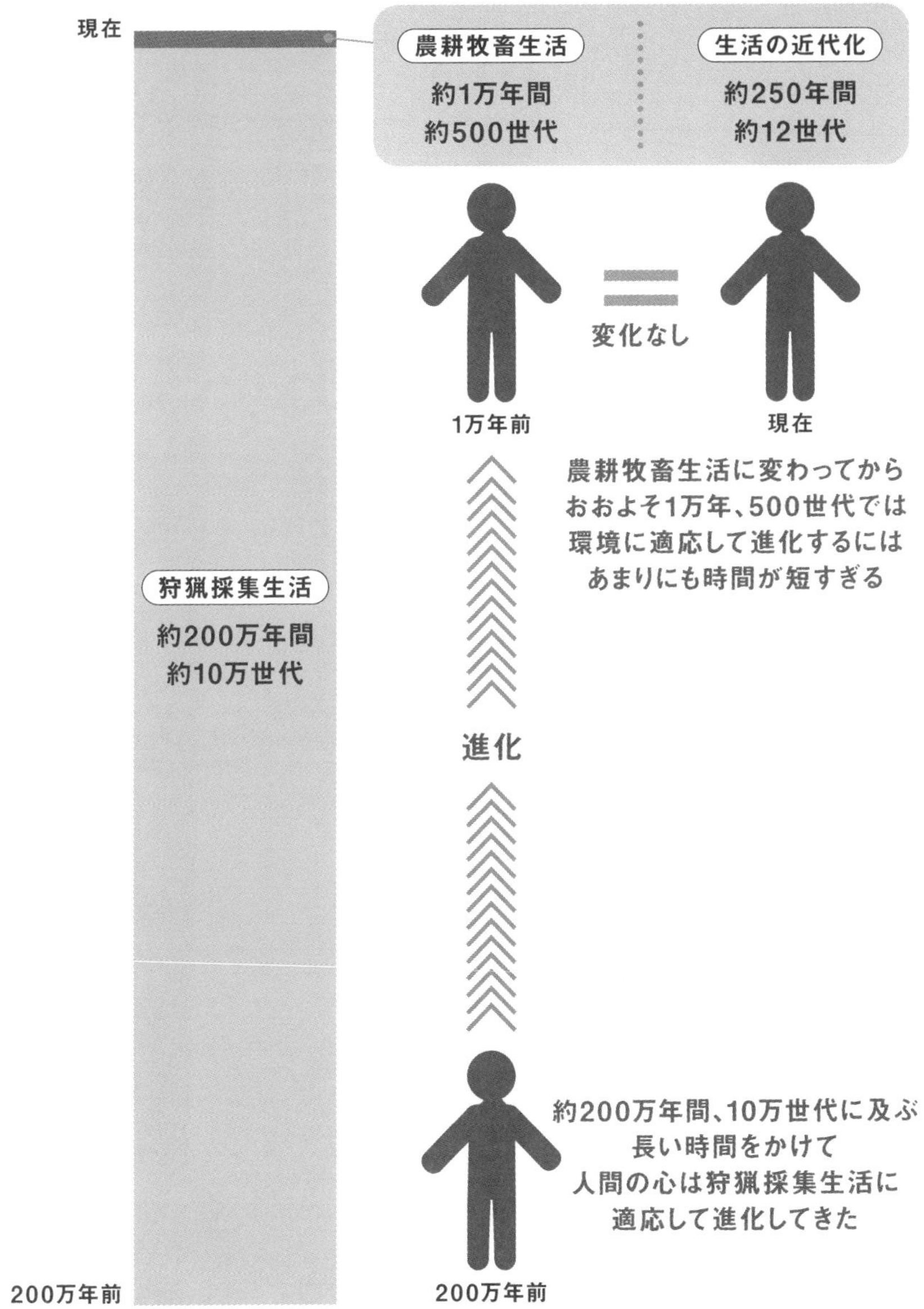
現在
農耕牧畜生活
約1万年間
約500世代
生活の近代化
約250年間
約12世代
変化なし
1万年前
現在
農耕牧畜生活に変わってから
おおよそ1万年、500世代では
環境に適応して進化するには
あまりにも時間が短すぎる
狩猟採集生活
約200万年間
約10万世代
進化
約200万年間、10万世代に及ぶ
長い時間をかけて
人間の心は狩猟採集生活に
適応して進化してきた
200万年前
200万年前

2 農耕牧畜生活が心と体に苦しみをもたらした!?

キーワード
農業革命
人口増大

人類史上初の食料の安定供給

今から約1万年前、地球が比較的温暖な間氷期に入ると、人類は農耕と牧畜を発明し、定住して暮らし始めました。これは「農業革命」と呼ばれ、穀物の生産を計画し、収穫を予想することができるようになり、人類史上はじめて食料の安定供給をもたらしたのです。その結果、人類は人口を飛躍的に増大させることに成功し、世界各地で文明が花開きました。

しかし、農業革命には弊害もありました。ひとつは、穀物を食べる機会が増えたことで、エネルギーとなる糖質は十分に摂取できたのですが、栄養バランスは偏るようになってしまったのです。意外に思われるかもしれませんが、狩猟採集生活はその日暮らしではあるものの、多種多様なものを少しずつ食べていたために、栄養バランスはそれほど悪くなかったのです。

もうひとつは運動不足です。狩猟採集生活では歩く距離が長く、体をよく動かしていましたが、農耕牧畜生活ではあまり歩かず、体も動かさなくなったため、健康面での問題が起き始めたことが化石から判明しています。

また、天災や天候不順などが原因に不作による飢饉、疫病の流行といった新たな問題にも直面します。そのため、人間は不作に対する不安、疫病に対する不安といった「将来に対する不安」も抱くようになってしまったのです。

農耕と牧畜で安定した定住生活へ移行

狩猟

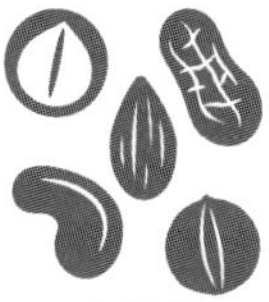

採集

狩猟採集生活の特徴

・さまざまな動物を狩って食べる
・さまざまな植物を採って食べる
・不安定な食料供給
・歩く距離が長く体を動かす
・獲物や植物がなくなれば移動

移行

農耕

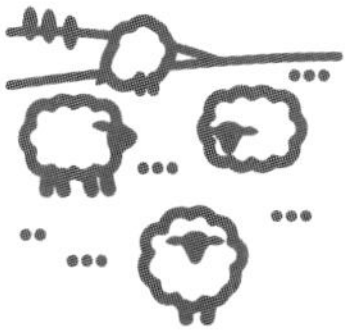

牧畜

農耕牧畜生活の特徴

・小麦や米などを育て貯蔵
・羊などを飼い乳や肉を得る
・安定した食料供給
・同じ場所に定住

弊害

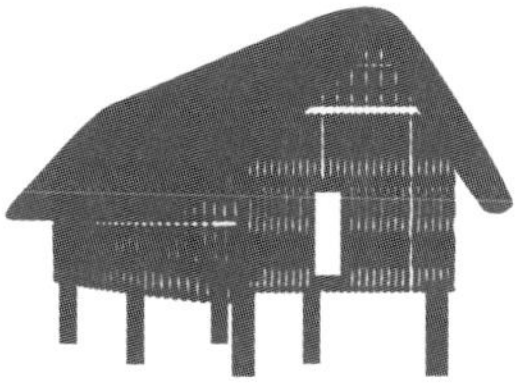

定住

食料の安定供給と定住により
生活基盤が安定し
子孫を多く残せたが
弊害もあった

農耕牧畜生活のデメリット

・天災や天候不順による飢饉
・疫病の流行
・栄養バランスが偏った食生活
・歩く距離が短く体を動かさない
・将来に対する不安の発生

3 現代社会と人間の心はミスマッチになっている!?

キーワード

環境と心身のミスマッチ

急激な環境変化に追いつけない心

今から約1万年前に農耕牧畜生活が始まり、約5000年前に古代文明が起こりました。都市が形成され、国家が成立し、世界各地でさまざまな文明が花開いたのです。

そして、今から約250年前に産業革命が始まりました。人類史で見ればほんのわずかな時間に過ぎませんが、産業革命以降、工業化が進み、科学技術も大きく発展したことで、私たちの生活は急激に変化しました。

先進国では、衣食住が満たされるのは当たり前、身の回りには家電製品があふれ、車や電車で自由に移動できます。スマホやパソコンでインターネットに接続すれば、さまざまな情報が瞬時に手に入り、世界中の人たちとコミュニケーションできるようになりました。

それでは、狩猟採集生活のままの私たちの心や体が、この急激な環境の変化に追いついているのかというと、決してそうとは言えません。生物の進化的に見れば、100年、200年で追いつけるはずもなく、心身と環境の「ミスマッチ」状態に陥っているのです。

進化生物学者のダニエル・リーバーマンは、このミスマッチが原因でさまざまな病気が起きると考え、「ミスマッチ病」と名付けました。現代の環境と心身のズレが、病気の原因になってしまっているというのですから驚きです。

私たちは現代社会を生きる原始人

農耕牧畜生活で環境と心身のズレが生まれ
産業革命以降それが非常に大きくなった

環境が変化しはじめた農耕牧畜生活

・農耕と牧畜の発明
・定住生活の始まり
・さまざまな技術の発展
・都市の形成
・国家の形成

産業革命による急激な環境の変化

・急速な生活の近代化
・食料の大量生産
・科学技術の飛躍的な発展
・都市化による生活環境の激変
・情報技術（IT）の発展

ミスマッチ病とは？

狩猟採集生活に適応して進化した私たちの心身が
現代の環境に適応できていないことから生じる病気

ミスマッチ病の原因

・糖、塩、脂肪の取りすぎ
・食べ過ぎ
・運動不足
・ストレス　など

ミスマッチ病とされるもの

・糖尿病
・高血圧
・心臓病
・骨粗鬆症
・虫歯
・喘息
・痛風
・アレルギー疾患
・アルツハイマー病
・うつ病
・摂食障害
・不眠症　など

4 学校も会社も本当の意味での協力集団ではない！

キーワード

協力集団
帰属意識

帰属意識の行き場がない現代

狩猟採集生活では、お互いに助け合って暮らす協力集団で暮らしていました。そうしなければ、自分も仲間も死んでしまうからなのですが、私たちの心もそういった協力集団での暮らしに適応しており、そうした集団に所属したいという「帰属意識」を持っています。

しかし、現代社会の集団はそうした構造になっていません。子どもの頃から通う学校では、極端なことを言えば勉強さえしっかりしていればよく、信頼で結びついた協力集団とは言えません。もちろん、文化祭や体育祭といった学校行事ではクラスメートとの信頼関係や協力関係が大切になるのですが、あくまでもひとつの目的のために作られた短期の協力集団でしかありません。

そして、学校での生活を終えると、ほとんどの人が会社に就職して働き始めます。会社は利益を追求する集団ですので、仕事のために協力し合うことはありますが、これもまた本当の意味での協力集団とは言えません。むしろ、会社では組織運営のためチンパンジーなどに見られる階級社会を擬似的に導入していますので、正反対の集団と言ってもよいでしょう。

しかし、私たちは協力集団に所属し、集団を維持するために自分の役割をこなすという心が身についています。そのため、心のどこかで物足りなさを感じてしまうのです。

狩猟採集時代の集団

狩猟採集時代の集団は
協力し合わないと全員が死んでしまう運命共同体

現代社会の集団

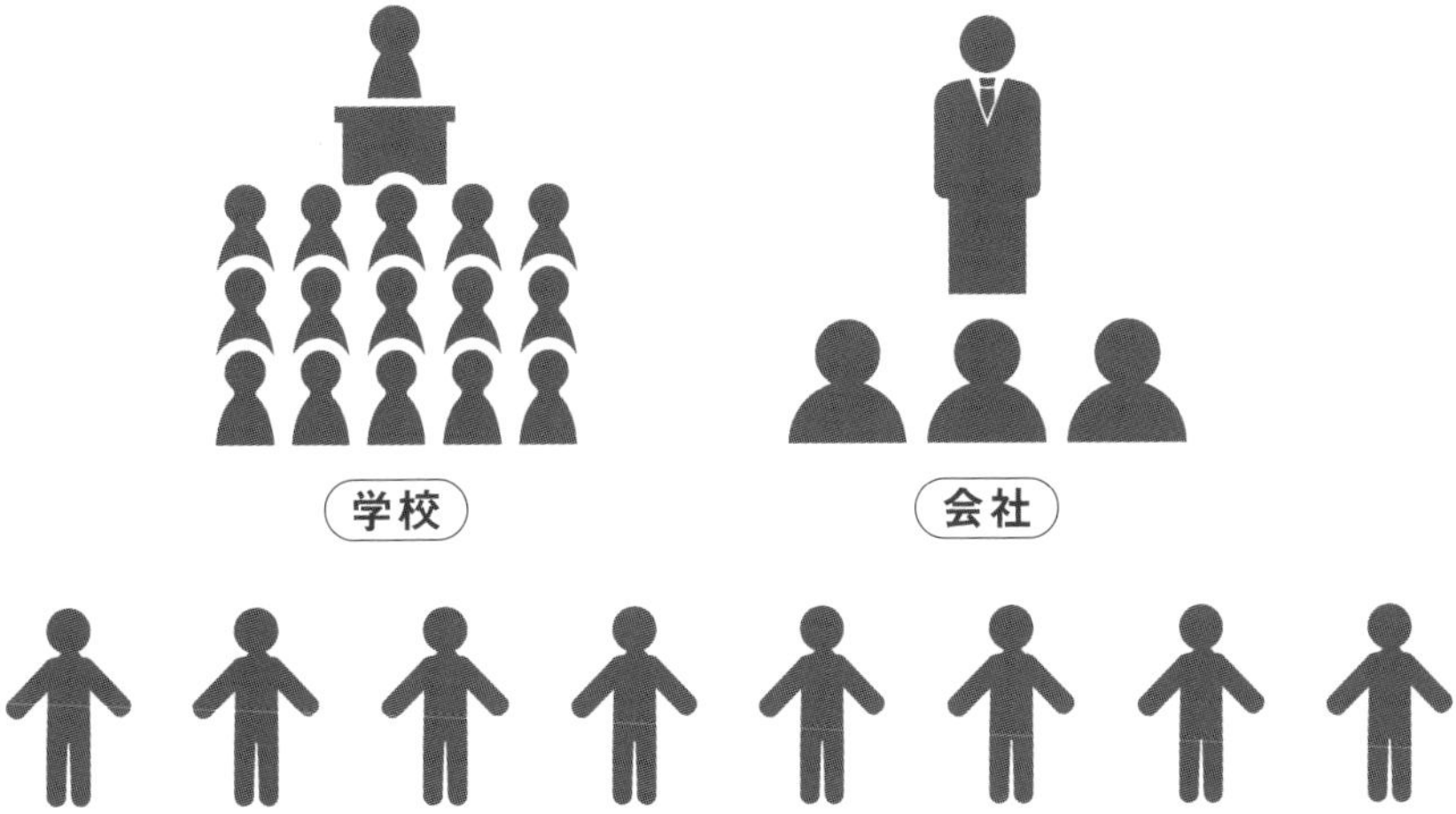

学校や会社は単に人が集まっているだけで
生死に関わる運命共同体ではない

↓

集団に貢献したいという「帰属意識」が十分には満たされない

5 やるべき仕事がなくなったが故の苦悩

キーワード
職業選択の自由

人間は職業選択の自由に慣れていない

狩猟採集時代は、集団内で与えられた仕事をしっかりこなすことが、集団の一員として認められ、生き残ることにつながるとても重要なものでした。まず、集団のためにやるべきことがあり、やりたい、やりたくないに関わらず、そのなかから自分の能力に合うものから限定的に選択するほかなかったのです。

特に男性は、生命の危険と隣合わせの狩りに関係する仕事が割りつけられることが多く、能力に合わないものが割りつけられれば自分の生命だけでなく集団全体を危険にさらすことにつながりました。そうなると、集団から追い出されて死んでしまう可能性が高く、仕事の分業は必要にせまられたまさに命がけのものだったのです。

ところが、現代社会では自由に職業を選ぶことができるようになりました。もちろん、「希望の仕事に就けなかった」というケースはありますが、仕事の選択肢は豊富で、選択時間も十分にあり、探す手段も多岐にわたります。

それにも関わらず、私たちの心は「集団内での役割を見つけ、こなすことが重要」という狩猟採集時代のまま変わらず、「仕事の選択は命がけ」であるが故に真剣に捉えてしまう傾向があります。つまり、「やるべき仕事」がなくなってしまったために、「やりたい仕事が見つからない……」という悩みが生じるようになったのです。

狩猟採集時代に求められた仕事

狩猟と採集に関連した仕事

狩猟採集時代に求められた仕事

- 集団のためのもの
- やらなければ生きられない
- 仕事は限られている
- 選択の自由はほぼない
- 選ぶ時間も手段もない

仕事は限られており生死に直結していた
生まれたところで必要な仕事を担う

現代に求められている仕事

多種多様な仕事がある

現代の仕事

- 社会のためのもの
- 生死に直結していない
- 仕事の選択肢が豊富
- 選択の自由がある
- 選ぶ時間も手段もある

現代社会では職業選択の自由があるが
仕事を自由に選べる状況に
人間の心は対応できていない

6

働かずに暮らすニートはなぜ生まれた？

キーワード

互恵社会
ニート

人間は食べられるなら働かない!?

狩猟採集時代は、狩りや採集をしなければ食べる物がなく、生きることさえ難しい環境でした。そのため、どんなに疲れていても食べるものがなければ、狩りや採集に出かけていたと考えられます。逆に、十分な食事が確保できているのであれば、しっかりと休んで体力回復に努めたでしょう。

ただし、協力集団で暮らしていましたので、ケガや病気になってしまった人、高齢者などは狩りや採集をしなくても食べ物は分け与えられていた互恵社会です。

ところが、現代社会になって「働かなくても生きていける」という状況が発生するようになりました。集団内で役割を果たさなくても、お金さえあれば食べ物が買えるようになったのです。ケガや病気といった特別な事情を抱えていなくても、食べることに困らないという環境が生まれたのです。

そうした環境のなかで「働かない」という選択をする人たち、いわゆる「ニート」が誕生します。ニートの出現はさまざまな要因が考えられますが、もしかすると「働かずに食べられる」という想定外の環境になったことで、「休めるときにしっかり休む」という狩猟採集時代から変わっていない心の働きが過剰に反応してしまった人たちなのかもしれません。

ニートは体を休める仕組みが原因で誕生

人間は働かなくてもいい場合は積極的に休むという選択もできる

食料があって休めるときは
体を休めて体力を回復する

食料がなければ疲れていても
狩りや採集をしなければならない

積極的に
休むという
心の働き

狩猟採集時代はケガ人や病人以外
仕事をしないで生きていくことはできなかった

↓

「働かなくても生きていける」

という人間にとって想定外の状況が発生

↓

生活できるので働かないニートが誕生

7 現代社会で役に立つ能力と役に立たない能力

キーワード
無用の長物
応用力

人間の持つ恐るべき応用力

人類は進化の過程でさまざまな能力を持つ個体が現れ、そうした個体がそれぞれの能力を活かす協力集団を形成することで生き延びてきました。しかし、残念なことに、そうした能力のほとんどが200万年以上続いた狩猟採集生活に必要なものだったため、文明社会では無用の長物になってしまったものが多いのです。

たとえば、槍を投げて獲物を仕留める能力は、狩猟採集時代は活躍しましたが、文明社会では活躍の場がありません。もちろん、誰よりも遠くに槍が投げられるのであれば、槍投げの選手としてオリンピックで活躍するという活かし方もありますが、それは本当にごく一部の才能に恵まれた人だけが成し遂げられることです。

ただし、狩猟採集時代に培った能力がまったく役に立たなくなったというわけでもありません。男性の空間把握能力や論理的思考、女性のコミュニケーション能力は、現在でも大いに役立つものです。また、ものを作る能力、計画性、信用できる人と組もうとする心、探求心などは文明社会になっても役立つものとなっています。

このように、人間は狩猟採集時代の能力を上手くやりくりしながら、現代の複雑な環境に適応してきました。これは、進化的に見るとかなり異様なことなのですが、私たち人間は驚くべき応用力でそれをやり遂げているのです。

狩猟採集に関わる能力はほとんど役に立たない

現代社会では役に立たたない
狩猟採集時代に培った能力

・槍投げで獲物を狩る
・獲物を追いたてる
・単純な道具を作る
・罠を仕掛ける
・食べ物を見つける
・植物の知識　など

役立たずになった
これらの能力では
役割を得ることが
難しい

狩猟採集時代に役に立った能力の多くが
役立たずになってしまった…

ものづくりや対人関係の能力は現代社会でも役に立つ

現代社会でも役に立つ
狩猟採集時代に培った能力

・ものづくり
・信頼できる相手と組む
・将来への計画性
・未知のものへの探究心
・コミュニケーション能力
・子育て　など

上手く活用すれば
役割を得ることが
できる

現代人は近代化した生活のなかで
狩猟採集時代の能力をやりくりして生きている

8

“自分の居場所がない”という悩みは当たり前

居場所は自分で探す時代

現代を生きる多くの人たちが「自分の居場所がない」という悩みを抱えているようです。こうした悩みも実は、人間の心と現在の環境のミスマッチによって起きているのです。

なぜなら、狩猟採集時代は自分が生まれた集団に自動的に所属し、そこで一生を終えるのが当たり前でした。集団の外では生きられなかったので集団に帰属する心が生まれ、信頼で結ばれ協力し合う集団に帰属していることは、大きな安心感につながったと考えられます。

その心が今も私たちには強く残っているのですが、現代社会で自動的に組み込まれる集団は家族や親類などの血縁関係以外にはありません。

小学校、中学校は義務教育ですので自動で組み込まれる集団ではありますが、前述したように本当の意味での協力集団ではありません（98ページ参照）。そのため、自分の居場所ではないと感じてしまうのも仕方のないことなのです。

しかし、幸いなことに、現代は自分で所属する集団を選ぶことができます。クラブ活動や趣味のサークル、地域のコミュニティなど、さまざまな集団に参加してみて、自分が帰属していると感じられる集団を探してみましょう。また、自分がどれだけ家族に助けられているかを再認識することで、「居場所がない」とは感じなくなるかもしれません。

キーワード
居場所
帰属集団

協力集団での居場所を求める心

狩猟採集時代は自動的に集団に組み込まれた

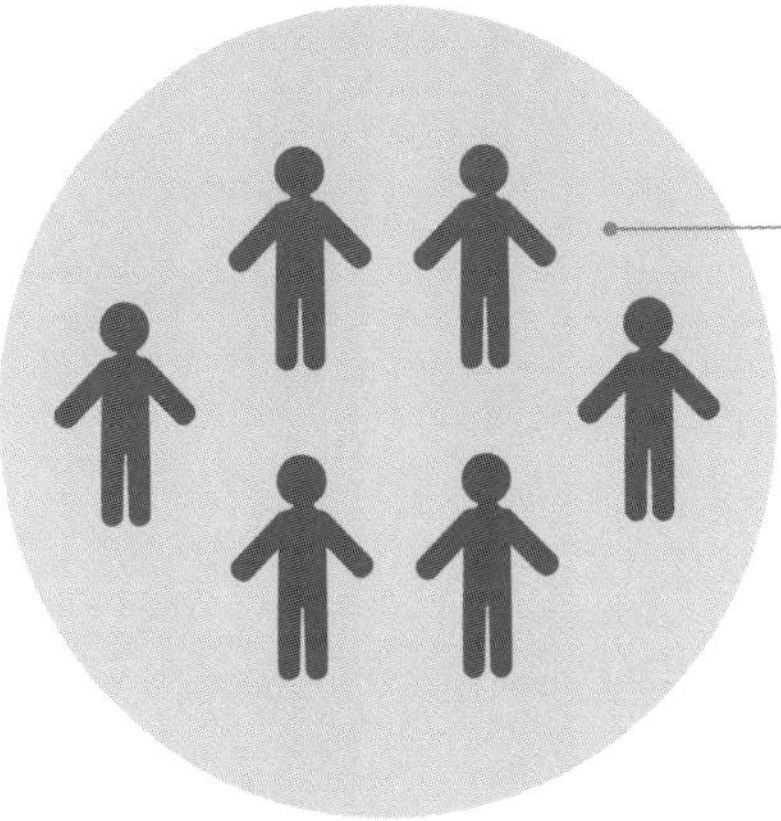

狩猟採集時代は
自分が生まれた集団に
自動的に組み込まれ
そこが居場所だった

集団の外では生きられないため
協力集団に帰属するという意識が
強く刷り込まれた

現代は自動的に組み込まれる集団は血縁関係のみ

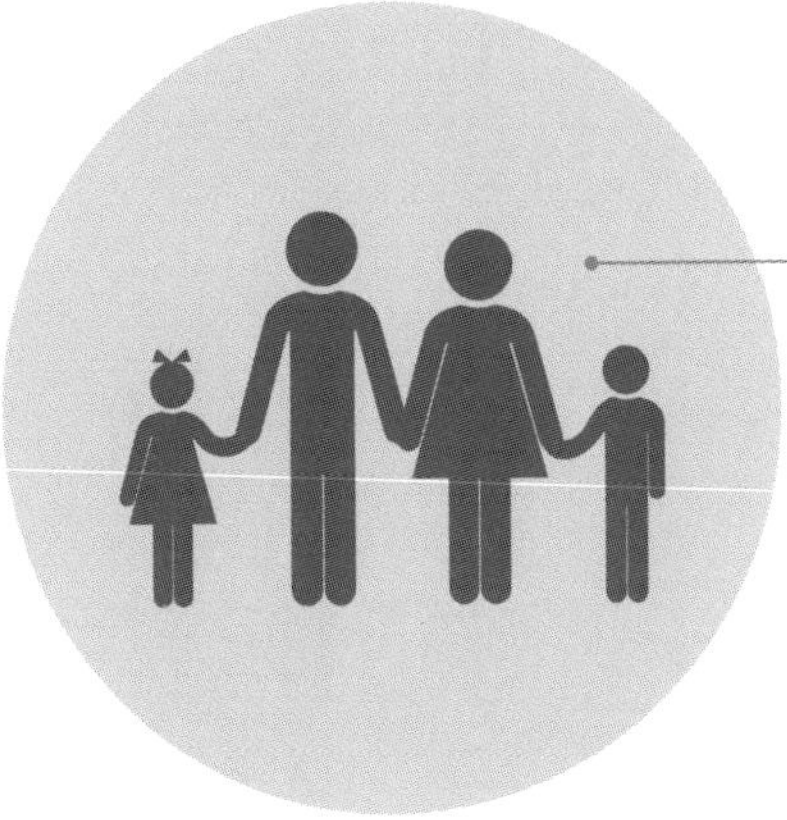

現代は家族や親類という
血縁関係以外に
自動的に組み込まれる
集団はほぼない

自分が帰属していると感じられる
協力集団が見つけにくいため
帰属意識が満たされない

帰属集団を探す努力をしなければ
居場所はずっと見つからない

9 SNSの"いいね"を求めるのはなぜか？

キーワード
ディスプレイ
承認欲求

SNSに依存する危険も

人間には、「ディスプレイ」と呼ばれる、自分の能力を周囲にアピールしたいという感情が備わっています。もともとは、オスの動物たちが、メスを取り合って威嚇しあったのが始まりですが、集団生活をするようになった人間のなかでは、「能力を認めてもらいたい」「集団のなかでそれに合った役割を与えてもらいたい」というような感情に変化していき、現代では、「承認欲求」という形で、私たちのなかに残っています。

現在、この承認欲求を満たすのに、一番手軽なツールが、エックスやインスタグラムといったSNSです。自分が書いた意見や、撮った写真を投稿し、それに「いいね」がつくと、なんとも嬉しい気持ちになります。「同じ気持ちの人がいる」、「自分の写真を褒めてくれる」そんな意味合いでの嬉しさでしょう。

昔のような、狭く深くの人間関係がくずれ、現実での人づきあいが希薄になった現代、インターネットを介した関係は、その寂しさを埋めてくれる格好のツールです。

ただし、あまり「いいね」の数だけに一喜一憂するのは危険もあります。現実の人間関係を避けるようになり、SNSに依存してしまうからです。SNSとは適度な距離を取って楽しみながら、現実での人間関係を築いていくことが、大切でしょう。

ディスプレイと承認

①自分の能力をディスプレイ（アピール）
②能力に基づいて与えられた役割をこなす

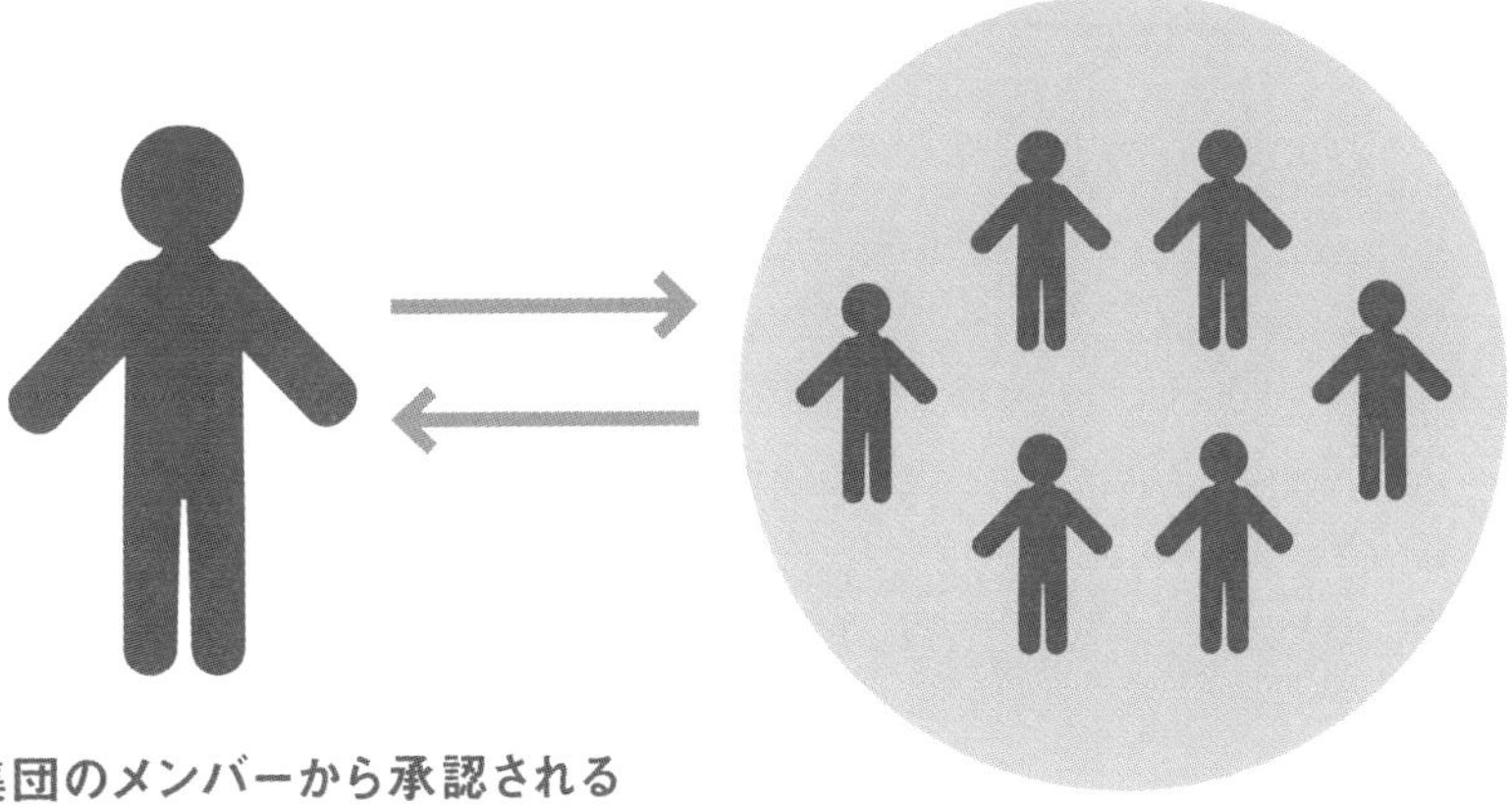

③集団のメンバーから承認される
④集団のメンバーとして生きることができる

現代人にも**「承認欲求」**として受け継がれているが
人間関係が希薄で帰属する集団もないため
満足できる承認が得られず不安になってしまう

↓

承認欲求を満たすため
〝映え〟写真でのアピールに情熱を傾け
SNSでの〝いいね〟に依存してしまう

10

幸せを感じにくくなってしまった現代の生活

キーワード
幸福感
安全社会

幸福感を得るために必要なこと

現代の社会において、幸せを感じる基準はさまざまです。お金を手にするときに幸せを感じる人もいれば、上司に褒められたときに幸せを感じる人、また、SNSで「いいね」をもらったとき幸せになる人もいるでしょう。

しかし、狩猟採集時代の人類は、もっとシンプルでした。なぜなら、常に命の危険を感じていたからです。「食料が確保できて飢え死にせずにすんだ」、「猛獣に襲われずに生きて帰れた」、「子どもが病気にならずに健康に育った」、というようなことに、大きな幸福感を得ていたに違いありません。

では、今の社会はどうでしょう。多少お金がなくても、食べ物がなくて命を落とすようなことはまずありません。医療も発達し、動物に襲われるようなこともなくなった安全社会です。

それならば、今の人たちのほうが大きな幸福を得ているかと言うと、そんなことはないのです。「幸福感」というのは、それまで満たされていなかったものが、手に入ることによって得られるものだからです。現代のように、命を脅かされることがない状態が「当たり前」になってしまうと、幸せを感じにくくなるのです。今の状況が恵まれていることを認識し、そのうえで、小さな喜びを積み重ねていくことが、幸せを感じるためのコツと言えるでしょう。

満たされないのが当たり前だった狩猟採集時代

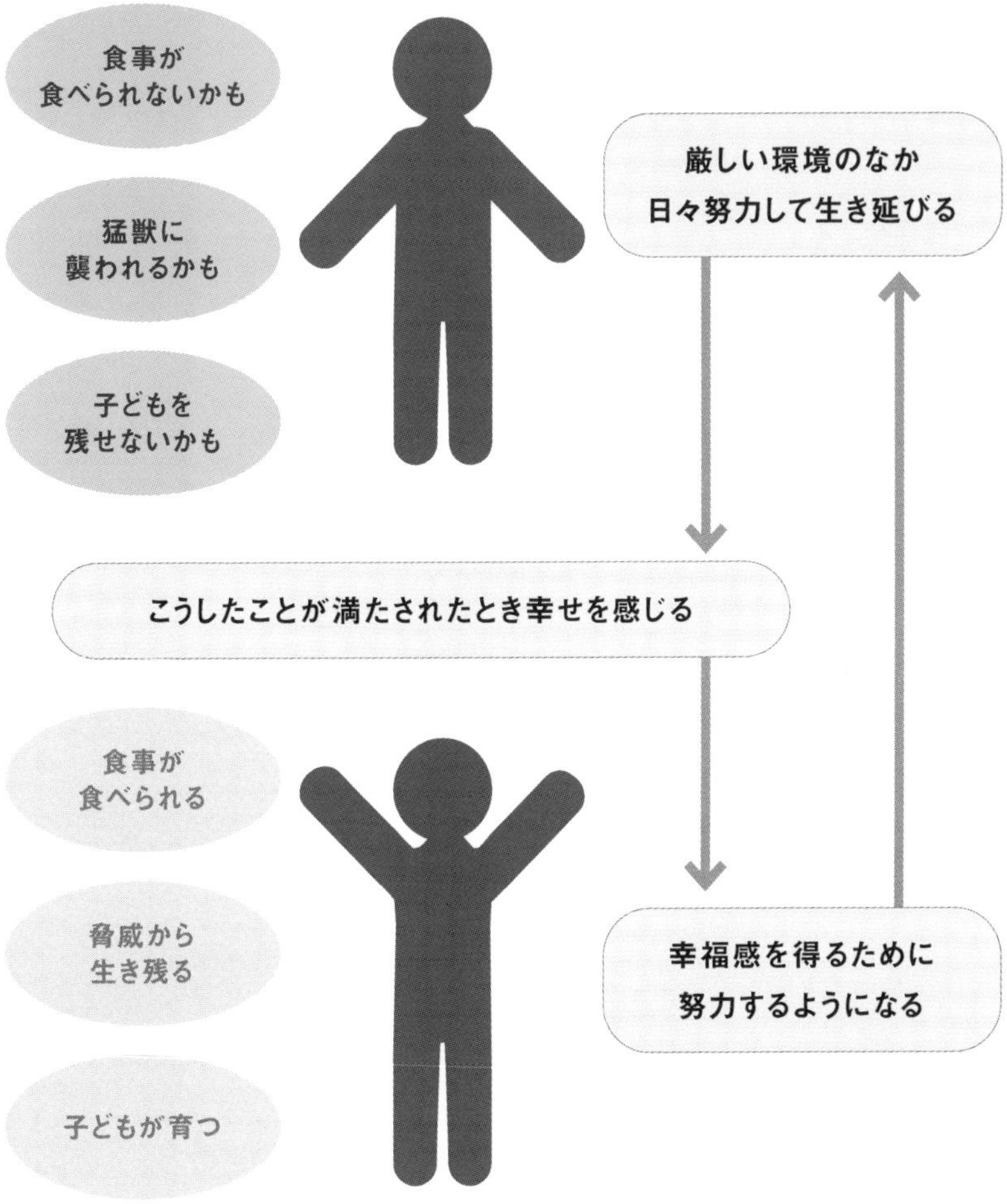
食事が
食べられないかも
猛獣に
襲われるかも
子どもを
残せないかも
厳しい環境のなか
日々努力して生き延びる
こうしたことが満たされたとき幸せを感じる
食事が
食べられる
脅威から
生き残る
子どもが育つ
幸福感を得るために
努力するようになる

食べる、生き残る、子孫を残すといったことが
当たり前になった現代は幸せを感じにくくなっている

11 人間は自分で決めることがもともと苦手

今は情報選択の難しい時代

多くの人間は、自分で何かを決断するのが苦手です。その決断が、もし間違っていたら、自分自身を責め、後悔をするしかなくなります。その苦しみを考えれば、誰かの決断にしたがっているほうが、ずっと楽なのです。

実は、これもまた狩猟採集生活にルーツがあるのです。100人程度の集団で暮らしていた当時は、リーダーからメンバーに必要な情報が伝えられました。少人数でしたので、情報はかなり正確に集団に広まったと推測できます。誤情報が広まれば、集団全員の生命に関わる可能性もあるため、すぐに訂正されたでしょう。そのような環境では、自分で判断する必要がなかったのです。そのため、人間は自分で情報を選択することがそもそも苦手なのです。

ところが現代は、テレビ、雑誌、インターネットなど、さまざまな情報があふれ、その中から必要なものを選択し、かつどれが真実かを見極めなければならない「情報過多時代」です。

このような状況になったのは、ごくごく最近であり、私たちの脳や心というのは、それに合わせることができていないのです。

今は、口コミサイトなどで、比較的多くの人の意見をまとめて見ることができます。そのようなものをうまく活用して、より妥当な判断をしていくのが、現代に生きる知恵なのかもしれません。

キーワード

情報過多時代
妥当な判断

狩猟採集生活では集団に必要な情報が提供されていた

リーダー（情報提供者）

必要な情報を
集団のメンバーに伝達

リーダーから提供された情報を共有した

**情報が共有されている状態では
自分で情報を選択する必要がなかった**

100人ほどの集団で生活していた頃は、つねに必要な情報を全員で共有していただろう。正確ではない情報がこれほど多くもたらされることは、現代になってからだ。それにより、個人が自分で情報を選択する必要性が出てきたのである。

**情報を選択する能力が進化していないため
自分で情報を判断して決めることが苦手**

12 男女のすれ違いはなぜ起きるのか？

キーワード

理性型コミュニケーション
感情型コミュニケーション

理性の男性と感情の女性

恋人同士の痴話喧嘩から、長年連れ添ったふたりの夫婦喧嘩まで、男女の間ではすれ違いや言い争いが絶えません。

実はこれ、男女のコミュニケーション方法の違いによるものが多いのです。

これまでも述べてきたように、狩猟採集時代、男性は仲間とともに狩りに出ていました。このときには、どこに獲物がいて、どんな道具を使い、どうやって仕留めるかなど、常に理性的に考え、会話をしなければなりませんでした。これは、過去の経験や知識を動員し、未来に向けて考えを巡らせていることになります。

一方の女性は、集落に残り、お互いの関係性を保つために、感情を共有し合ったコミュニケーションをとっていました。そこでは、「現在」の感情をわかり合うことが重要だったのです。

このような生活を長く続けた結果、男性は理性的、女性は感情的なコミュニケーションが得意になったのです。

そのため、すぐに共感してほしい女性に対し、男性が理性的な回答をしてしまい、会話がすれ違うという事象が発生するのです。

異性との会話で、そのようなすれ違いを感じたなら、相手が理性と感情、どちらを基本として話しているかを考え、それに合わせて対応するのがよいでしょう。

男女は根本的にコミュニケーションの方法が違う

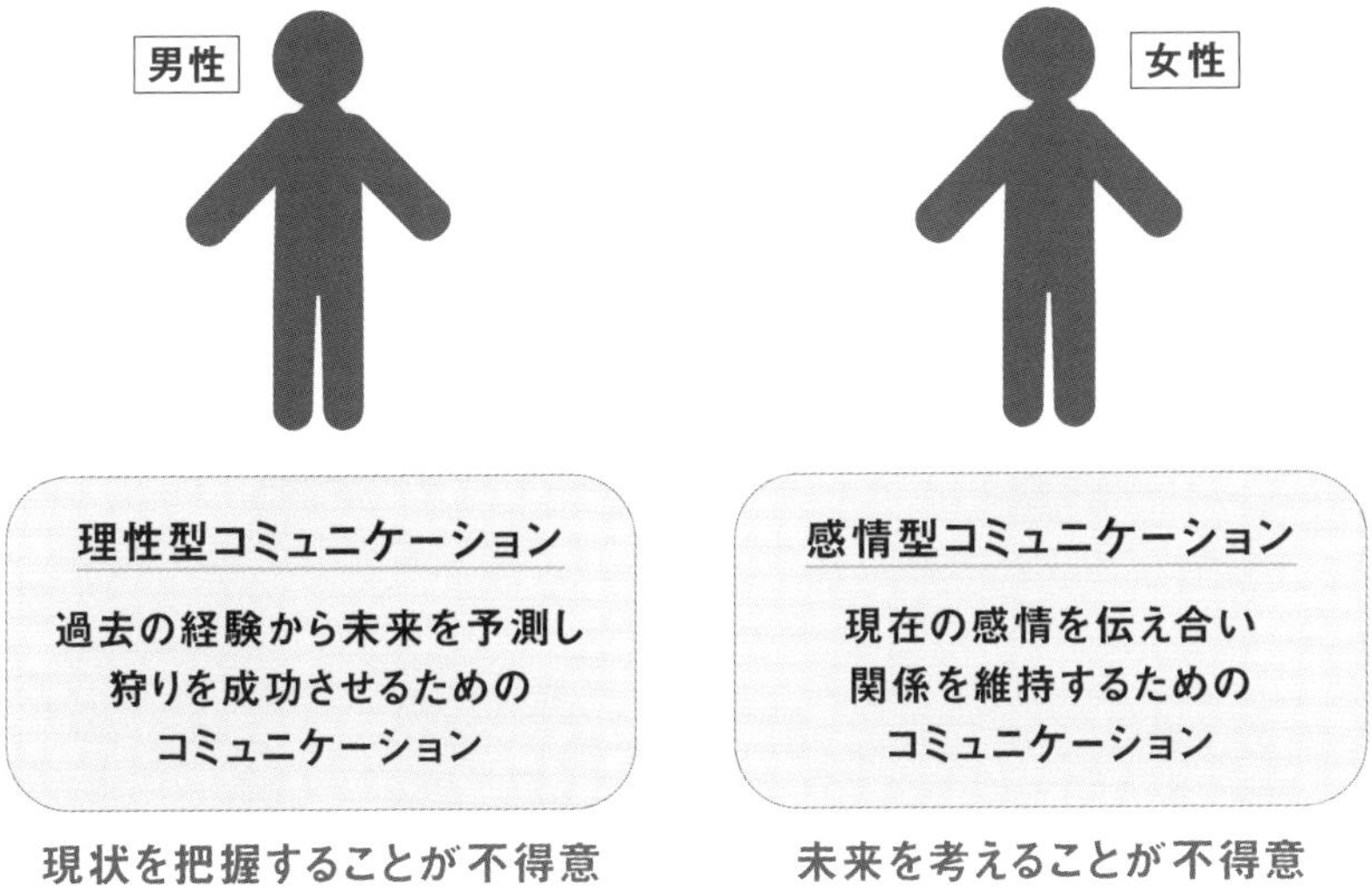
男性
女性
理性型コミュニケーション
過去の経験から未来を予測し
狩りを成功させるための
コミュニケーション
感情型コミュニケーション
現在の感情を伝え合い
関係を維持するための
コミュニケーション
現状を把握することが不得意
未来を考えることが不得意

感情と理性がすれ違う男女の会話

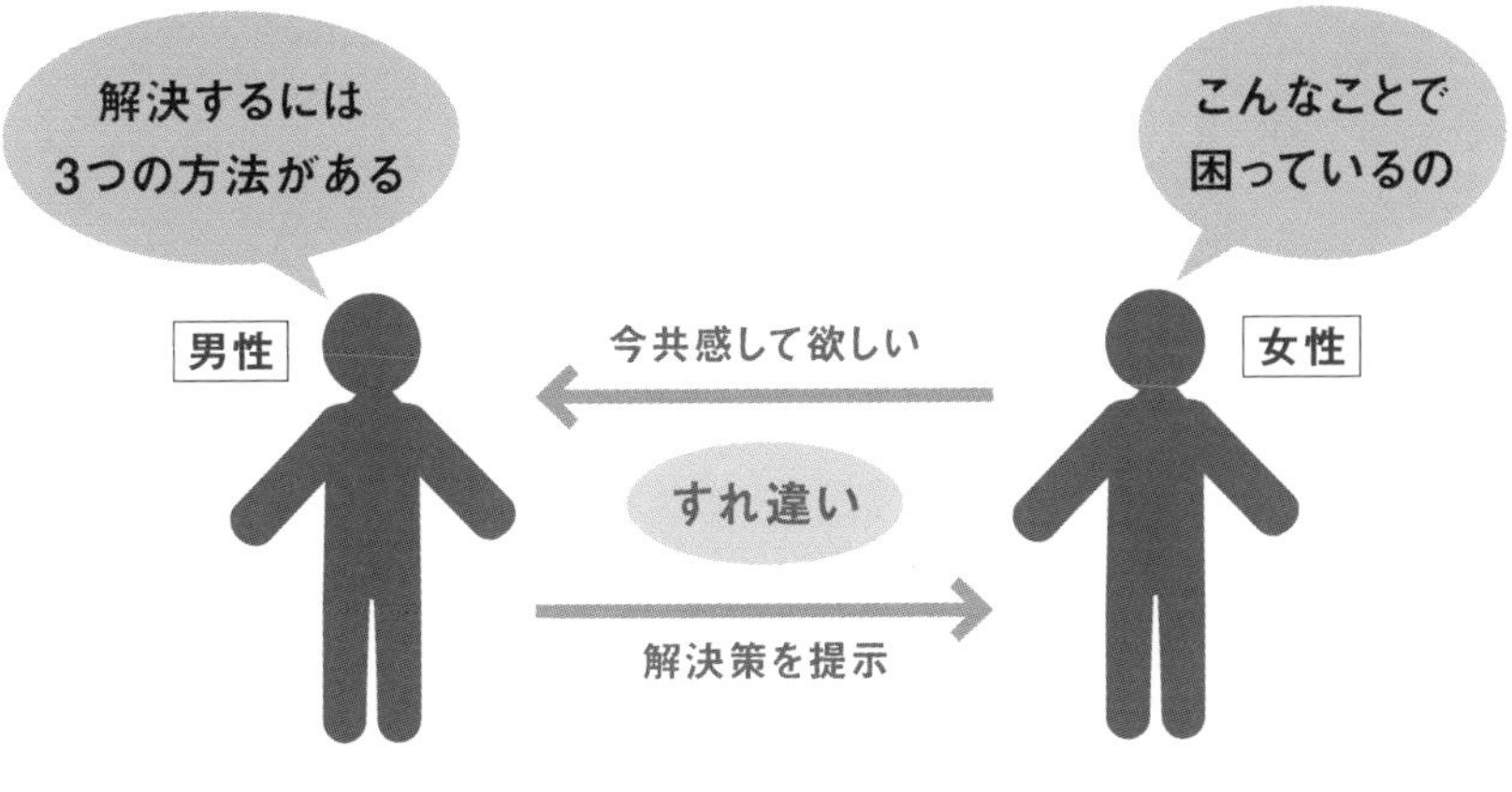
解決するには
3つの方法がある
こんなことで
困っているの
男性
女性
今共感して欲しい
すれ違い
解決策を提示

話が噛み合わないと感じたら話す「型」を切り替えてみよう

13 たくさんの人と同時に付き合うことは難しい

関係を構築できる人数には限界がある

あなたは友人や仕事関係の知人など含めて、何人の人と付き合いがあるでしょうか。直接会う関係であれば数十人といったところでしょうが、SNSでやりとりをする人などを入れれば、数百人以上という人もいることでしょう。

実は、人間は大勢の人と付き合うことが、あまり得意ではありません。これまで述べてきたとおり、かつて人類は、100人程度の集団を作って暮らしていました。そのぐらいの人数ならば、顔や性格を覚え、何を考えているかを想像することもできたのです。

人が安定的関係を築ける人数は、150人程度が上限と言われています（ダンバー数・54ページ参照）。今は、技術の進歩によって、そのダンバー数を大きく超えた人たちと浅く広くつながることができます。しかし、それによって、新たな問題も起きているのです。

たとえば、一般的に、「浅く広く」の付き合いと考えられがちなSNSで、より深い関係を持とうとしてくる人です。この認識の違いによって、トラブルになることも多いのです。その対応に時間を取られて、対面でのコミュニケーションの時間がなくなっては意味がありません。

SNSの世界では、それぞれの人との付き合い方を考えながら、コミュニケーションを取っていく新しい能力が必要とされているのです。

キーワード

SNS

コミュニケーションの限界を超えた現代社会

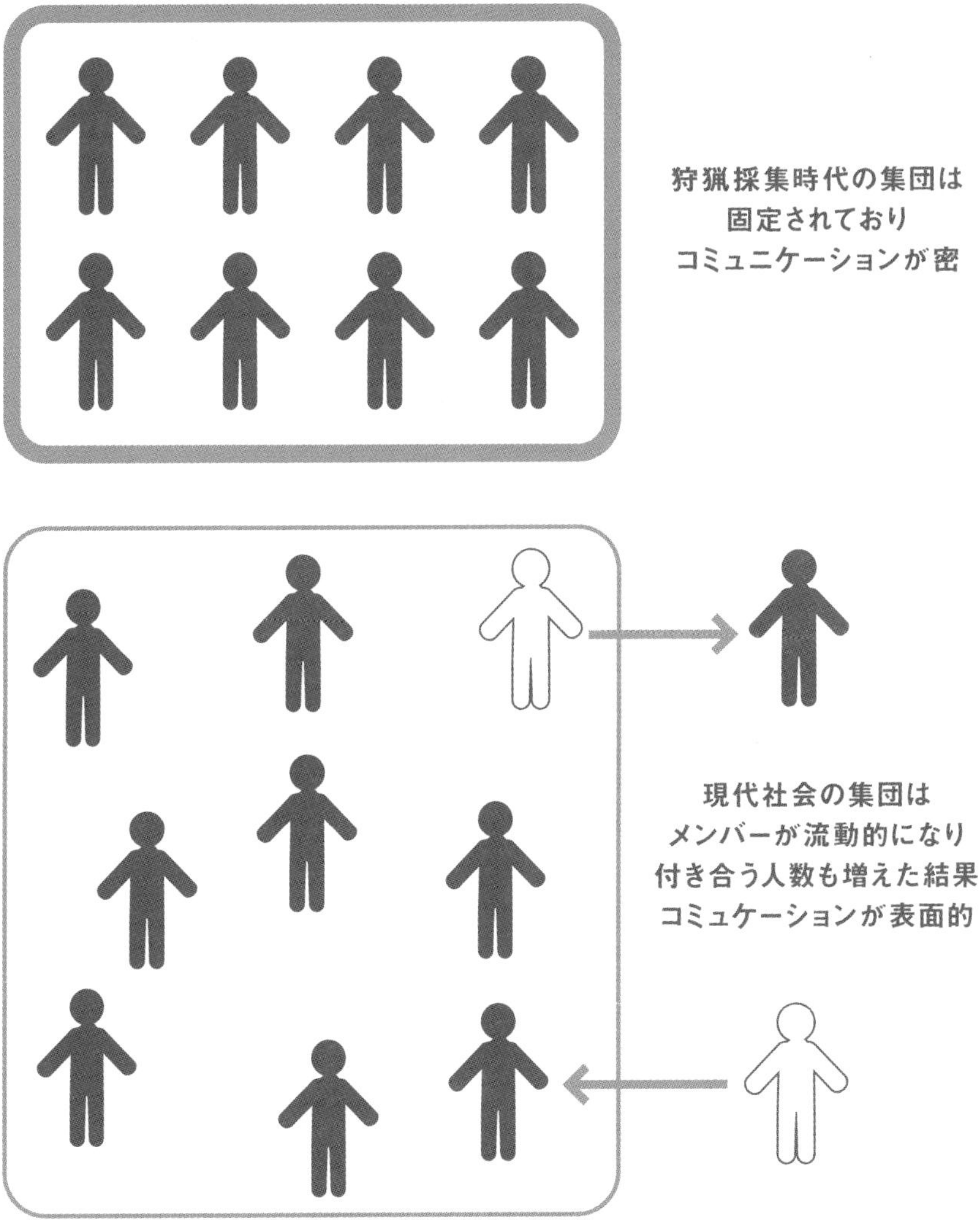
狩猟採集時代の集団は
固定されており
コミュニケーションが密
現代社会の集団は
メンバーが流動的になり
付き合う人数も増えた結果
コミュニケーションが表面的

人間の限界とされるダンバー数を超えており
コミュニケーションが難しい状況

第3章 一万年前と変わらない心 現代社会と心の不適合

14 不倫や浮気はなぜなくならないのか？

不倫をする人には共通点がある

近年の日本では、政治家や芸能人などのスキャンダルが絶えません。中でも、結婚をしている人の不倫疑惑は非難を浴びやすく、活動休止や引退に追い込まれる人もいます。

しかし、進化心理学の観点で考えると、不倫や浮気をしてしまうのには、ちゃんとした理由があるのです。

現在、人類の多くは、一夫一婦制で生活をしています。これは、集団生活をしていた時代に、女性を取り合っての無駄な争いを減らすことなどを目的に成立したと考えられます。事実、この制度で、人口は爆発的に増えました。

しかし、多くの動物はそうではありません。たとえば、人間に近い動物で見ても、チンパンジーは、多くが乱婚ですし、ゴリラは、一夫多妻制となっています。

生物というのは、究極的には自分の子孫を残すことが目的の生存競争のなかで生きています。そのため、多くの異性と生殖行為をし、少しでも多くの子どもを生むことを考えるものです。人間も例外ではありません。つまり、人間のなかには、一夫一婦制を守ろうとする理性に加えて、乱婚への欲求もあると考えられます。

このことから、人間のなかでも、特に自分の遺伝子を次に引き継ぎたいという本能が強い人は、浮気や不倫をしがちだと言えるのです。

キーワード
生存競争
乱婚
一夫一婦制

生物にとってもっとも重要なことは子孫を残すこと

人間誰しもが持っている
遺伝子を残したいという本能

そもそも生存競争に勝って
遺伝子（子孫）を残してきたため
子孫を多く残すような行動を取るのは
進化の観点からすれば当たり前

類人猿と人間の生殖

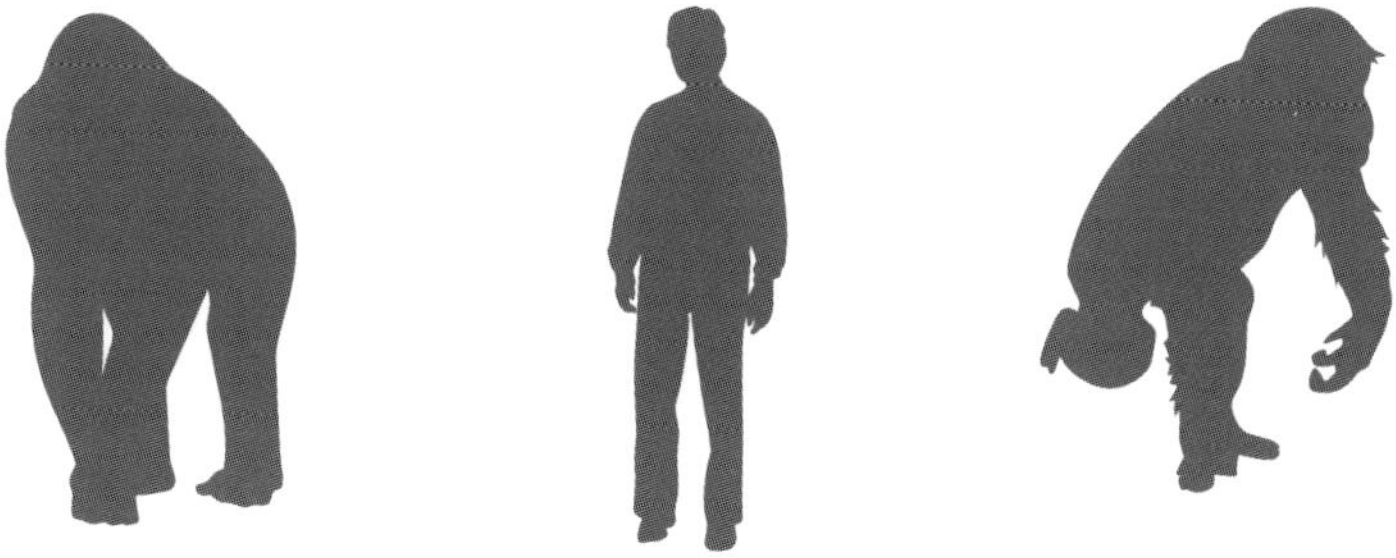

ゴリラ
- ボスがハーレムを作る
- 一夫多妻制
- あぶれオスが多く出る

人間
- 協力集団
- 女性に発情期がない
- 基本は一夫一婦制

チンパンジー
- 階級社会
- 発情期のメスを巡って争う
- 乱婚

↓

チャンスがあれば乱婚もしたいのが人間
特に自分の遺伝子を残したいという本能がゆえの
不倫や浮気を制度だけでは抑えられない

15 男性の浮気と女性の浮気の違いとは？

キーワード

性戦略

それぞれの狙いがある性戦略

どのような理由で、どんな浮気をするかという性戦略にも男女では差があります。

男性は、女性に精子を提供し、子どもを産んでもらわなければなりません。そして、男性の精子は、大量に作られるので、精子ひとつあたりの必要エネルギーが少ないのです。

そうなると、男性は、多くの女性に精子をバラ撒くという性戦略を取るのが、よりたくさんの子孫を残す方法になるのです。男性の浮気は、こうした背景から、不特定多数の女性と性交して、多くの子どもを残す可能性を高める方向に進んでいきます。

一方の女性は、体内で受精卵を育て出産するためにたくさんのエネルギーが必要になります。妊娠した場合、長い妊娠期間は自分自身も不自由になり、出産後も授乳に育児と多くの労力がかかります。そのため、育児に協力してくれる誠実な男性と健康で強い子を確実に育てることが性戦略の基本となります。そのような事情から、男性の浮気とは異なり、若い男性と生殖したうえで、お金持ちの愛人になるといった複雑な浮気をする傾向があります。

ちなみに、パートナの浮気に対して、男性は、自分の子どもができなくなる「体の浮気」を嫌がり、女性は、資源を奪われ「心の浮気」を嫌がる傾向もあるとされています。

男女の性戦略の違い

男性

子どもを産んでもらう性

- 精子ひとつあたりの必要エネルギーが小さいため精子をバラ撒くほうが効率的
- 妊娠や授乳にかかるコストがない
- 多くの子どもをつくりたい

女性（できれば不特定多数）と性交して多くの子孫を残したい

女性

子どもを産む性

- 出産に伴う必要エネルギーが大きいため卵子を大切にしたほうが効率的
- 妊娠と授乳、子育てのコストが大きい
- 健康で強い子を確実に育てたい

強い若者の子を産んで、かつ子育てに協力してもらいたい

類人猿と人間の生殖

男性

配偶者が妊娠してしまうと
自分の子どもができないので
体の浮気を嫌がる

女性

配偶者の資源が奪われると
自分の子どもに不利なので
心の浮気を嫌がる

個人差や愛情の度合いで大きく変わることに留意

16 仕事や勉強が楽しくなりにくいのはなぜ？

楽しいと思う心の働きが存在しない

仕事や勉強は何のためのするのでしょうか？仕事は給料をもらって生活するため、勉強はさまざまなことを学んで、将来の就職に結びつけるためといった部分があることは否定できません。どちらも生き延びるために必要なものです。動物の多くは、生きるのに必要な知識は遊びのなかで身につけますので、生物学的には仕事も勉強も楽しくなければおかしいのです。

しかし、ここでも狩猟採集時代の心が逆の働きをしてしまいます。まず、仕事や勉強をせずに遊んでしまった経験が誰にでもあると思います。これは、不確実な未来の報酬（給料や成績）よりも直近の報酬（遊び）を重視してしまうことが原因です。狩猟採集時代は、狩りの結果などを予測したところで不確実だったので、直近の報酬を重視する傾向が人間にはあるのです。

また、勉強が重要になったのは、せいぜいこ100年か200年の話です。狩猟採集時代も生きるのに必要なことは遊びを通して学んだはずですが、狩猟採集時代の人間には必要のなかった仕事や勉強は、いまだに楽しくなるほどには進化していないのです。

いずれにせよ、人間には仕事や勉強が楽しいと思える心の働きが備わっていません。ですので、仕事や勉強をしたくないと思ってしまうのは、仕方のないことなのです。

キーワード
直近報酬の重視
遊びによる学び

不確実な未来より今が大事

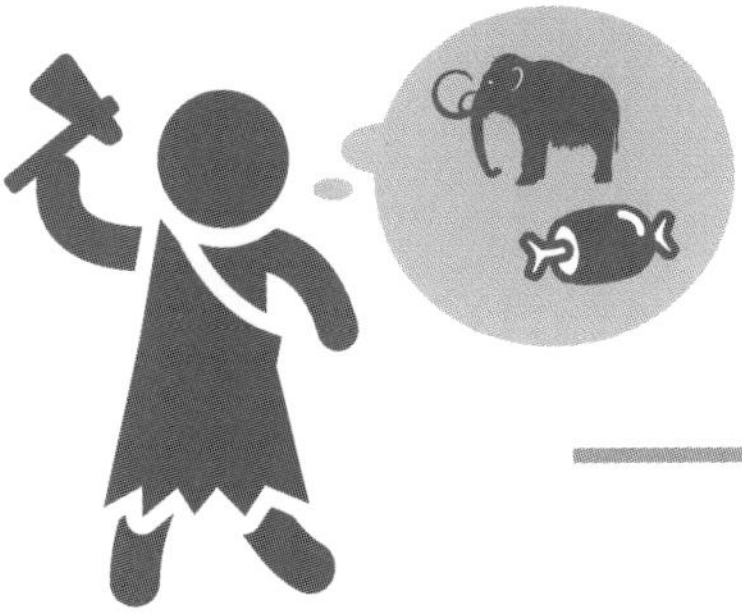

狩猟採集時代は
未来を予測しても
不確実で無駄だった

そのため未来の報酬よりも
直近の報酬を重視する傾向が
人間には強く残っている

勉強や仕事に対応した心が進化していない

成長して重要になることは
子どもの頃から遊びを通して
楽しく身につくようになっている

勉強や仕事が重要になったのは
産業革命以降でごく最近の話
心が進化するには時間が短すぎる

現代の環境に人間の心が追いついていない

17 嫉妬心には2種類ある！

嫉妬が関係改善のきっかけになる

自分を誰かと比べたとき、相手が優れている、恵まれていると感じて妬んだり、劣等感で卑屈になってしまったりすることがあります。いわゆる「嫉妬」の感情です。一般的にはあまりよいイメージのない「嫉妬」ですが、実は人間の適応度を上げるために必要な能力として、はるか昔から発達してきたものなのです。

左ページに示したとおり、「嫉妬」の感情には異なるふたつのルーツがあると考えられています。ひとつは男女が協力して子育てをするために備わったとする説です。たとえば夫がほかの女性と浮気をしたとします。その事実を知った妻は夫を取り返そうとするか、あるいは自分も子育てを放棄して浮気しようとします。子育てという重労働を協力して分配ができなくなった状態です。当然、残された子どもは育たず、子孫を繁栄させることも難しくなります。こうした事態を防ぐために「嫉妬」とそこから生じる「罪悪感」「悔やみ」の感情が生まれました。

もうひとつはサルの時代の階級社会で培われたとする説です。群れのボスが利益（この場合はメスや食料）を独占するサルの社会で、それを妬む若いサルたちに嫉妬心が芽生えました。彼らがいっせいに反抗したら、ボスに勝ち目はありません。そこで利益の再配分を許すことでガス抜きをし、関係維持に努めたのです。

キーワード

利益の再配分

子育てのために発達した嫉妬と罪悪感

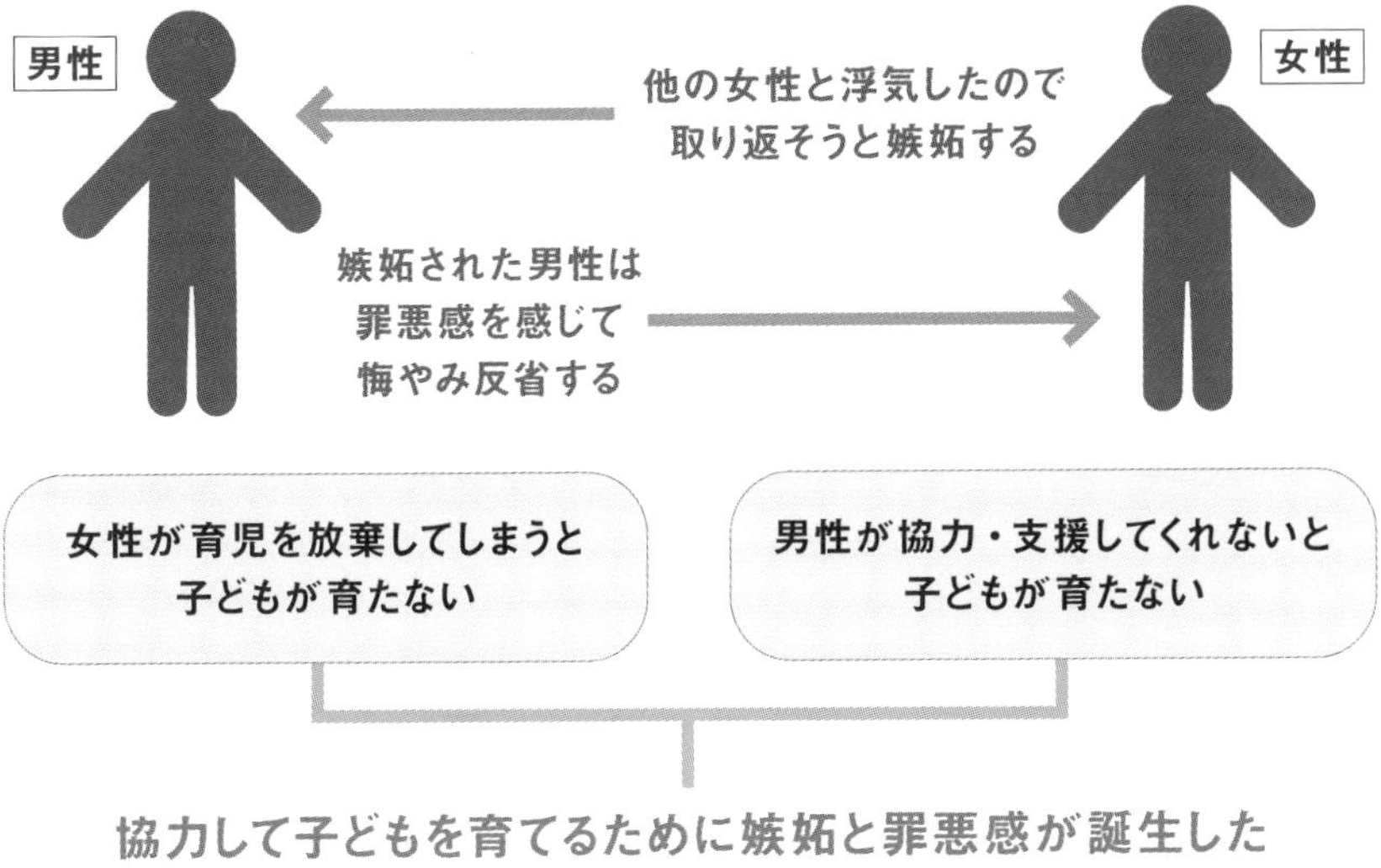
男性
女性
他の女性と浮気したので
取り返そうと嫉妬する
嫉妬された男性は
罪悪感を感じて
悔やみ反省する
女性が育児を放棄してしまうと
子どもが育たない
男性が協力・支援してくれないと
子どもが育たない
協力して子どもを育てるために嫉妬と罪悪感が誕生した

サルの時代に生まれた利益を取り戻そうとする感情

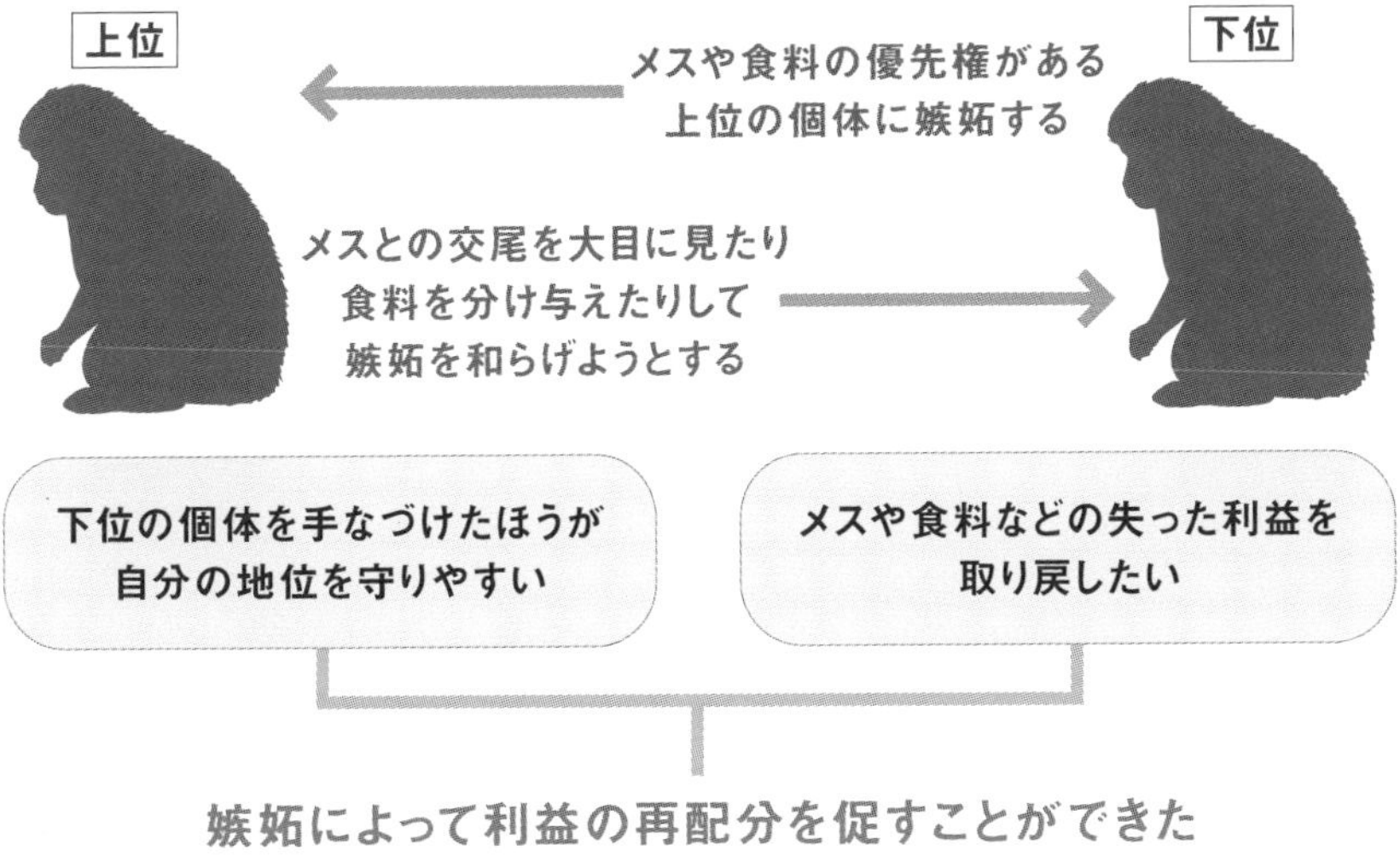
上位
下位
メスや食料の優先権がある
上位の個体に嫉妬する
メスとの交尾を大目に見たり
食料を分け与えたりして
嫉妬を和らげようとする
下位の個体を手なづけたほうが
自分の地位を守りやすい
メスや食料などの失った利益を
取り戻したい
嫉妬によって利益の再配分を促すことができた

18 なぜマウントを取り合うのか？

マウントで自分の立ち位置を確認

事あるごとに相手のマウントを取ろうとする人、アナタの周囲にもいませんか？「お前、そんなことも知らないの？」とか「その歳でまだ結婚してないの？」とか。言っている本人に自覚はないのかもしれませんが、何かにつけて自分が相手より優位であることをアピールしたがる人は実は意外と多いのです。

こうした自分の優位性を相手や周囲に知らしめようとする支配行為が「マウンティング」です。昭和世代には「上から目線」のほうが馴染みがありますが、最近では「マウントを取る」などという表現が一般的でしょう。

「マウンティング」行為のルーツはチンパンジー時代の階級社会で培われたものだと考えられています。上下関係が厳しい階級社会では順位交代を賭けた戦いは日常茶飯事。階級の低い個体は繁殖どころか、日々の食料も満足に得られないため、みんな這い上がるのに必死です。そんな社会構造ですから自分より下位に誰かがいると認識できるのは大きな安心感に繋がりました。これこそが「マウンティング」の原点と呼べるものです。のちの狩猟採集時代にはこうした階級性は見られませんでしたが、文明の発展に伴って社会規模が大きくなったことで、集団をまとめる手段としての階級、階層制度（とマウンティング）が復活することとなりました。

キーワード
支配行為
階級意識

チンパンジーの群れはボスを頂点とした階層社会

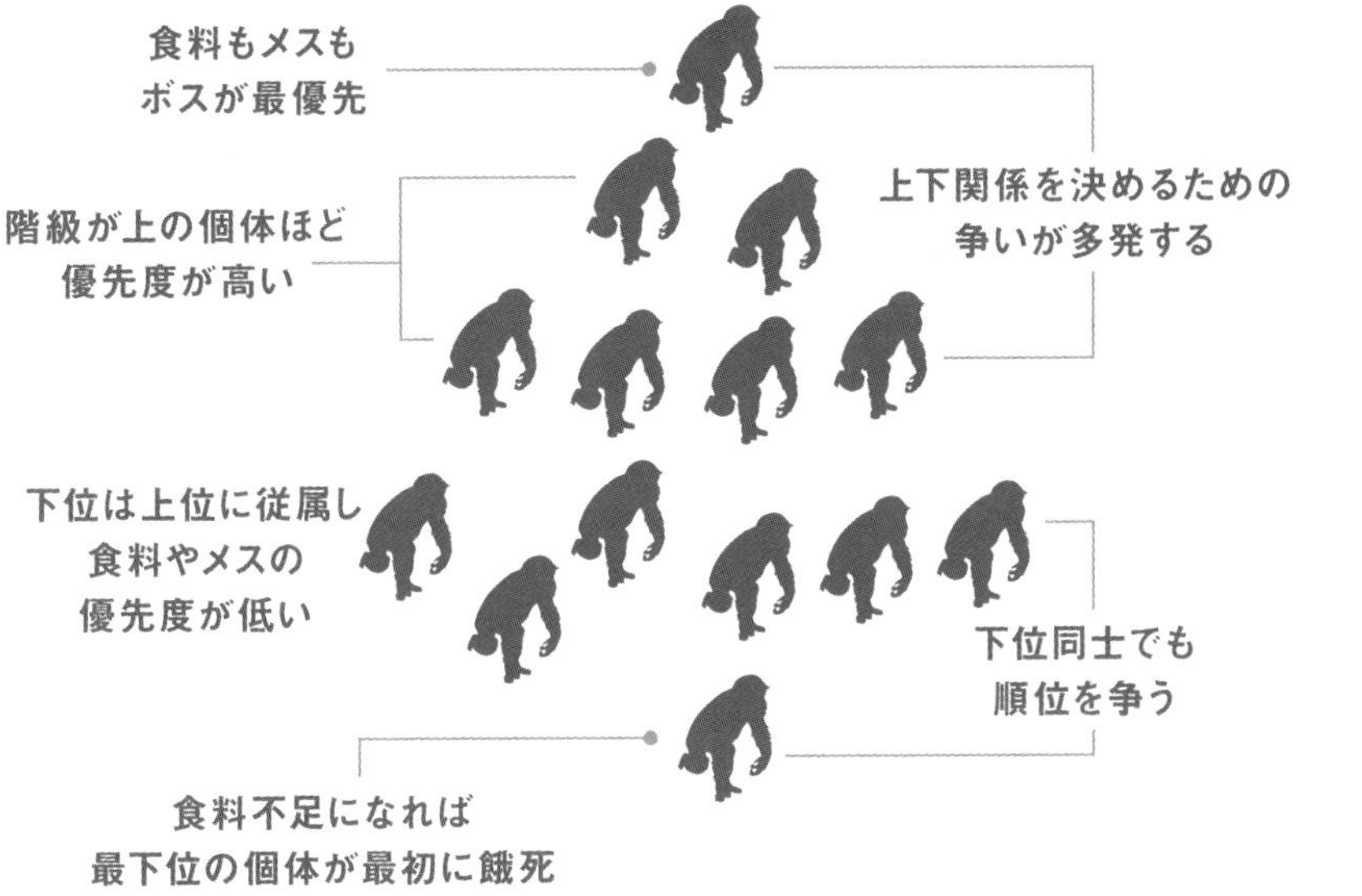
食料もメスも
ボスが最優先
上下関係を決めるための
争いが多発する
階級が上の個体ほど
優先度が高い
下位は上位に従属し
食料やメスの
優先度が低い
下位同士でも
順位を争う
食料不足になれば
最下位の個体が最初に餓死

チンパンジー時代の階層社会がマウントの原因

数百人以上の集団をまとめられなくなり
チンパンジーの階層関係を
文明社会が導入するようになった

階級争いの本能があり
会社組織に組み込まれる
男性のほうが階級意識が強い

マウントを取る心理

- 階級が上であることを示し
相手より優位に立とうとする
- 自分より下の階級が
いることを確認し安心する
- いじめが起きる

第3章　一万年前と変わらない心　現代社会と心の不適合

19

フェイクニュースはなぜ広まるのか？

キーワード

自己肯定感
拡散動機

無責任な発信が"フェイク"を生む

今の世のなかにはそこかしこにフェイクニュースがあふれています。最近ではコロナウイルスの起源や予防法、福島原発の処理水など数え切れないほどのフェイクニュースが飛び交い、世界中のメディアを賑わせました。こうしたフェイクニュースが際限なく生み出される背景には、現代のメディアの在り方とインターネット社会が大きく影響しているのです。

世のなかにインターネットが普及する以前、ニュースや情報は新聞、ラジオ、テレビといった特定のメディアが独占的かつ単方向に発信するだけのものでした。これらのメディアは視聴者やスポンサーとの信頼関係のもとに成り立っていたため、疑わしい情報や真偽が定かでないニュースの取り扱いには極めて慎重だったのです。しかし、インターネットの登場により情報の発信は誰にも身近なものとなり、自由かつ双方向に情報のやり取りができるようになりました。その結果、真偽不明なフェイクニュースが氾濫する世のなかになってしまったのです。

また、どんな情報でも信じやすく、取捨選択が苦手で多数の人々と価値観を共有することで自己肯定感が満たされるという人間の習性も、フェイクニュースの拡散動機に貢献しています。また、複数の情報源から聞こえてくると、ますます確信を強めてしまうのです。

新聞・テレビ・ラジオの時代

会社の信用に関わるため
フェイクニュースを
発信しないようにする対策を
メディアはとっていた

インターネットの普及以降、真偽不明の情報が発信されるようになった

誰でも自由に情報を発信できる
ネットメディアが出現し
フェイクニュースが
あふれるようになった

フェイクニュースが爆発的に広まってしまう理由

フェイクニュースを信じた人が
SNSなどで拡散する

信じた人がさらに拡散する

信じた人がさらに拡散する

信じた人がさらに拡散する

信じた人がさらに拡散する

確信を強める

信じた人がさらに拡散する

確信を強める

信じた人がさらに拡散する

- 人はそもそもどんな情報でも信用してしまいやすい性質を持つ
- 有名人や知り合いの情報は鵜呑みにしやすい
- ネット上に共感し会える仮想的な協力集団を求めてしまう
- 同じ価値観の集団のなかにいることで自己肯定感が満たされる

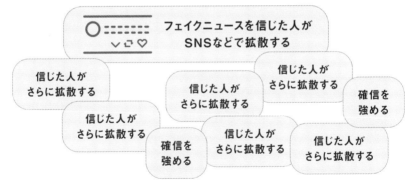

20 さまざまな〝フェイク〟がなかなか見抜けないワケ

情報の選択が苦手な人類

世のなかに嘘の情報、いわゆる〝フェイク〟が蔓延し、うかつにもそれを信じて鵜呑みにしてしまう人々があとを絶たない昨今。こんな状況を生み出してしまっている背景には、私たち人間の進化の過程に一因があります。

狩猟採集時代の人類は日々の食料を確保するために互いに協力し合うのが当たり前でした。嘘で仲間を陥れたり、裏切ったりすれば、自分が群れから追い出されて路頭に迷うだけです。仲間を信じて協力関係を続けていれば円満に生きていくことができたため、巧みに嘘をつくこともそれを見抜く能力も特に必要がありませんでした。しかし、現代は誰もが気軽に情報を発信できる時代。嘘の情報を流しても路頭に迷うことはなくなり、むしろそれを面白がったり、そこから利益を得ようとしたりする個人やメディアも増加の一途を辿っています。

一方、人間は狩猟採集時代に培われた「協力と信頼」が今も判断基準の前提として根付いているため、情報を正しく選択する能力が不十分なまま。心の片隅で「ちょっと疑わしいな」と感じる話題や状況に接しても、信じたい気持ちが先行してしまうのはこのためなのです。どんな状況や相手であっても〝おいしい話〟にすぐ飛びつくのは厳禁。特にお金が絡むときには「何か裏があるな」と疑ってかかるべきです。

キーワード
信じたい気持ち
嘘をつくリスク

人間の心は情報を選択する機能が低い

狩猟採集時代は協力と信頼で成り立つ集団で生活しており
嘘をついた人間は集団から排除されていた

↓

情報を選択する必要がない環境に適応したため
そもそも人間の心には情報を選択する機能が
備わっていない（P.112参照）

↓

協力と信頼が前提となっている心では
現代の複雑な状況に対応しきれない

- 不特定多数の人々と接する状況
- さまざまなメディアが玉石混交の情報を発信
- 基本的に信じたいという欲求が存在

↑

目的を持って騙そうとしてくる人に
対抗することができないため
さまざまなフェイクが蔓延している

現代社会では嘘をつくリスクが減少し
信じる気持ちを悪用するフェイクが誕生

- 嘘をついて集団から排除されても別の集団に移れる
- 嘘をついても生命の危険がない

21 信頼の代わりとして生まれた“お金”が人を狂わせた!?

お金は社会を動かす原動力

狩猟採集時代の人々は仲間と互いに協力し、日々を生きていくことが幸福感の基盤となっていました。基本は「その日暮らし」で常に十分な食料が手に入るわけではないですが、狩りや採集に勤しみ、収穫を平等に分け合う暮らしは満足度の高いものだったはずです。

一方で文明を手に入れた人類は、ほしい物を手に入れる手段として、互いの持ち物を交換する「物々交換」を行なうようになりました。しかし、大切な持ち物をよくわからない相手と気軽に交換はできません。互いの価値観の違いも少なからず問題になりました。その結果、価値が共通で変動しにくい穀物や塩、貝などが交換品の主流となっていったのです。それはやがて「お金」の発明へと繋がっていきました。いつでも自分の好きな物と交換ができ、一定の価値を持つお金は何より信頼され、人々の経済活動をより活発なものにしていったのです。

しかし、お金が人々の信頼を得たことで、世のなかのすべてのものに値段が付けられ、それを手に入れるため、誰もが「もっとたくさんお金がほしい」と考えるようになりました。現代ではお金は豊かさを表わす尺度のひとつです。また、人々のお金を求める欲望が社会全体の協力を促す一方で、蓄財による不平等や格差の元凶ともなっているのです。

キーワード
お金の信頼
間接的協力
蓄財による格差

お金の発明が変えた信頼の形

蓄財のはじまり

- 乾燥した穀物など保存できる食物が初期のお金として使われ始める
- 困っている他人に分け与えず貯めておく人が現れる

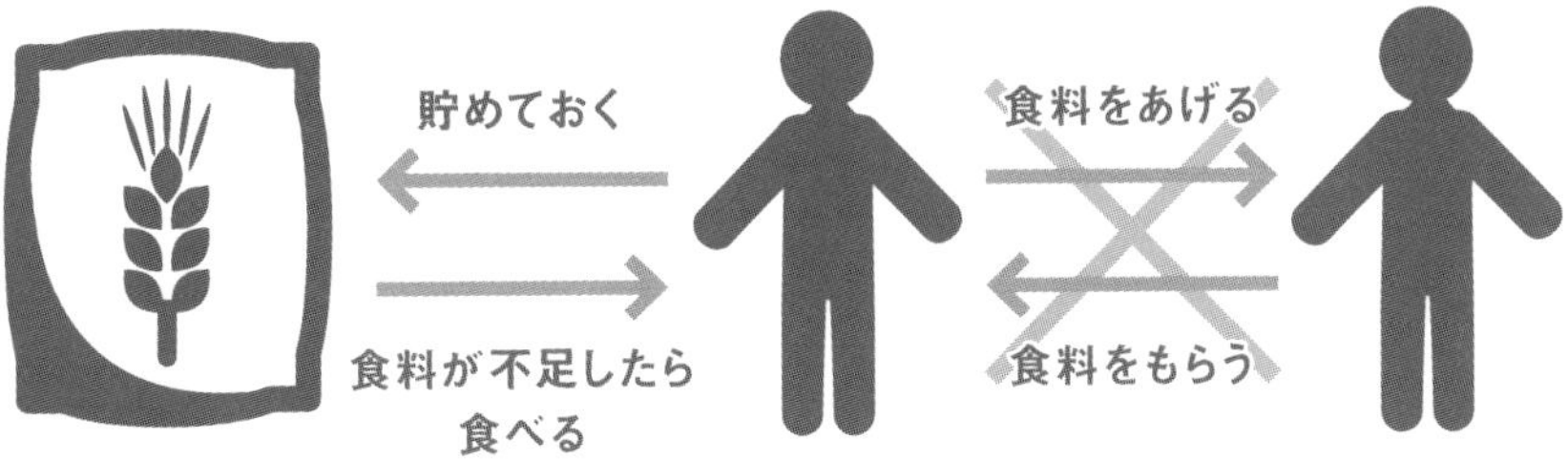
貯めておく
食料が不足したら
食べる
食料をあげる
食料をもらう

信頼できる人たちと協力し合うのではなく
お金だけに信頼を置く人たちが出現

文明社会は不特定多数の人がお金を介して間接的に協力し合う社会

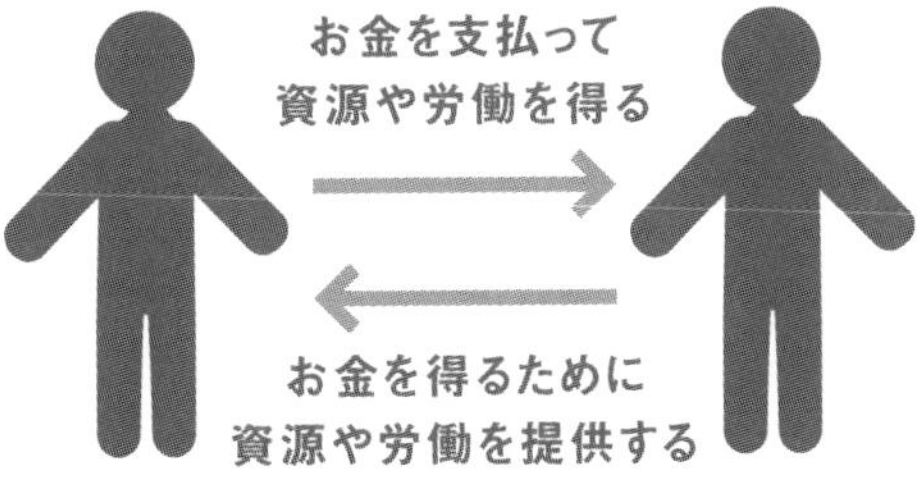
お金を支払って
資源や労働を得る
お金を得るために
資源や労働を提供する

信頼できる人かどうかを判定したいが
判断するには理解不足なので
文明社会ではお金のやりとりが信頼関係の代替となった

22 肥満や高血圧も心と文明のミスマッチが原因だった

キーワード
飢饉への備え
現代病の原因

つい食べちゃうのは遺伝子のせい

おいしいものを目の前にすると、もはや食べずにはいられない。たとえ冷蔵庫にしまってても、「ある」とわかっていると気になっていても立ってもいられない。アナタはそんなことありませんか？　実はこれ、遺伝子の命令によるもの。生存率を高め、子孫を増やすのに役立つことをするよう遺伝子が促しているのです。

とはいえ、欲望の赴くままに食べ続けると太り過ぎてしまいます。肥満は健康にもよくないと誰もが頭ではわかっているのですが、うまく欲望を抑えられないのです。

食欲を抑えられない原因は、私たちの祖先の生活スタイルにあります。狩猟採集時代の人類はいつでも食料が豊富にあるわけではなく、獲物が捕れたときにガッツリ食べて飢饉に備えていました。肉を保存する方法もなかったので、とにかく食べられるだけ食べて体に栄養を蓄えるようにしていたのです。これは彼らにとって幸福な瞬間でもありました。私たちがお腹いっぱいに食べて幸福感を得られるのも、実はこれがルーツなのです。ただ、両者の違いは現代にはおいしくて栄養価の高い食べ物が身近にあふれているところ。つまり、ここでも狩猟採集時代の心と環境のミスマッチが起きているのです。「太るから我慢しろ」と言われても、理性で抑えきれないのは当然の話なのです。

狩猟採集時代は食べられるときに食べるのが基本

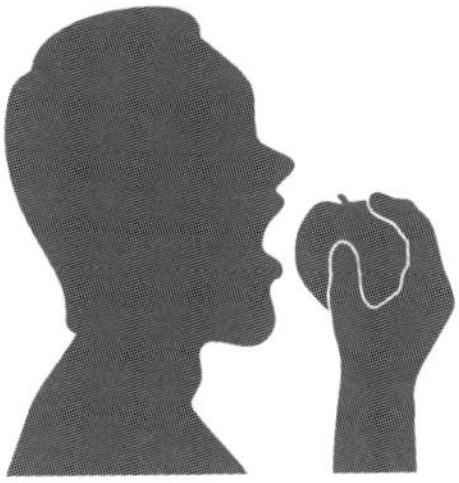

十分な食料を確保するのが
難しかった狩猟採集時代

食べられるときに食べるという心の働きと
エネルギーを皮下脂肪に変えて貯めておく
という体の機能が発達

人間はお腹いっぱい食べると幸せを感じるようになっている

農耕牧畜生活に移行すると
小麦や米などの炭水化物が
安定して食べられるようになった

↓

産業革命以降の文明社会では
さまざまな種類の食べ物が
かんたんに手に入るようになった

食料が豊富にある環境がほとんどなかったため
食べ過ぎを止めるという心の機能が人間には存在しない

美味しいと感じる食べ物は
健康に欠かせない栄養素

糖分、塩分、油脂、
良質なタンパク質など

→

食べ過ぎによって
健康に悪影響を与える

肥満や2型糖尿病、高血圧など
さまざまな現代病の原因となる

23

人間には3つの心が同居している

キーワード

サルの心
ヒトの心
文明の心

3つの心が矛盾の原因

人類の祖先が狩猟採集時代を過ごしたのは、今から250万年から数万年以上も前の話。そんなはるか昔に培われたさまざまな特徴が現代人である私たちの生き方や心の有り様に大きく影響を及ぼしているのは、これまでご紹介してきたとおりです。さらにその一部はサルの時代に獲得した特徴や社会集団に由来するもので、今も人々の生活を支える基盤となっています。

サルがヒトへと進化していくなかで、脳の機能もより高度で複雑なものへと進化していきました。それに合わせて「心」もまた環境や文明に適応し、「サル」「ヒト」「文明」と相反する3つの「心」が共存するようになったのです。

それぞれの心を説明すると、「サルの心」は階層構造の群れの中で生き残ることを重んじ、それに喜びを感じる心。「ヒトの心」は仲間との協力や助け合い、平等、信頼を基本とする狩猟採集時代に培われた心。「文明の心」は社会が決めた法律、道徳、権利などを遵守する理性的な心で、新しい脳を基盤にして多様な社会との協調に努めています。このように矛盾した性質を持つ3つの心が整理されないままに今も同居しているわけですから、人間はしばしば自分の置かれた状況や立場に混乱してしまうのです。現代社会を「生きづらい」と感じてしまうのはいずれかの心の叫びなのです。

新しい脳と古い脳

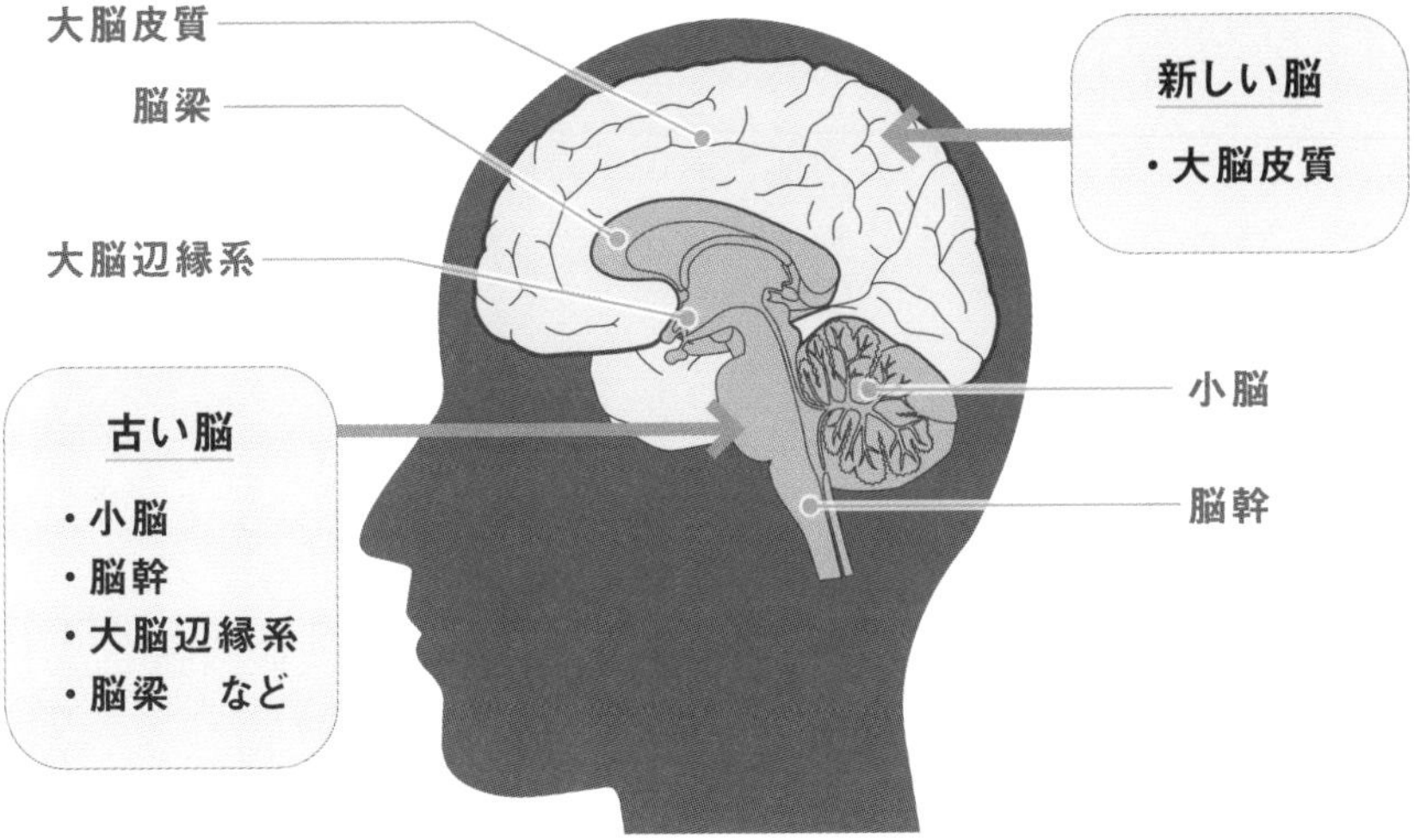
大脳皮質
脳梁
大脳辺縁系
新しい脳
・大脳皮質
小脳
脳幹
古い脳
・小脳
・脳幹
・大脳辺縁系
・脳梁　など

人間が持つ3つの心

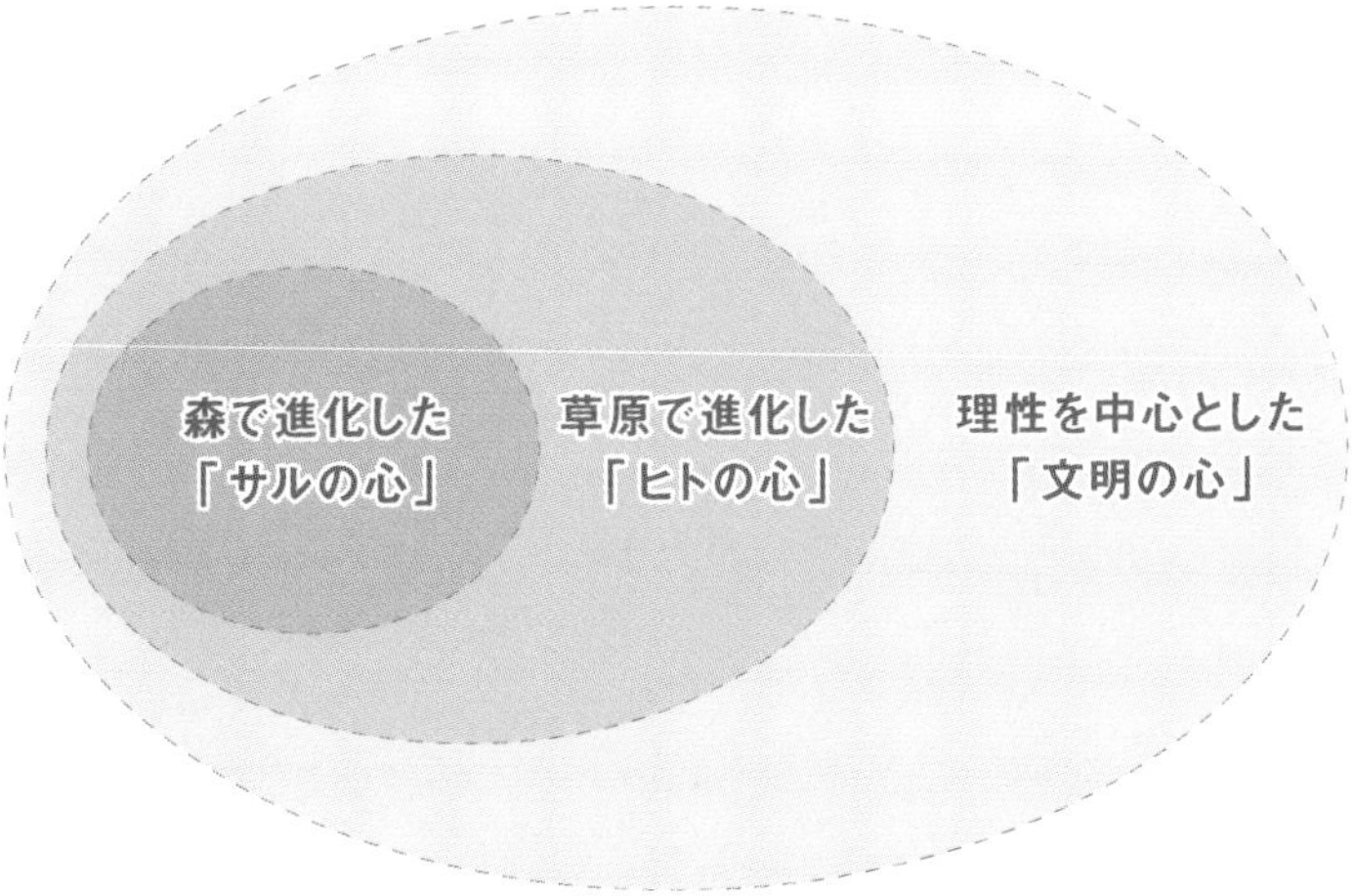
森で進化した
「サルの心」
草原で進化した
「ヒトの心」
理性を中心とした
「文明の心」

明治大学情報コミュニケーション学部教授　石川幹人インタビュー③

人はなぜ争うのか？

□正義感の暴走に注意！

――「あおり運転」が社会問題となっていますが、これも車という文明の利器に人間の心が追いついていないために起きているのでしょうか？

もっと単純な話で、あおり運転は「怒り」の表出です。「車間を空けているのになぜ割り込んでくるんだ」といった、ルール違反、マナー違反に対する怒りですね。問題なのは、それが「自分ルール」「自分マナー」だということで、あおられる人とは基準が違うわけです。とくに、運転のうまい人があおり運転をしてしまうことが多いのは、「なんで、こんな下手くそが運転してるんだ！」という怒りの感情が暴走してしまうからです。

もうひとつ、日本人の国民性も影響しているかもしれません。私は合わせると2年間ほどアメリカに滞在していたのですが、アメリカ人は目的地に向かって早足で歩いているとき、ゆっくり歩いている人に進路を邪魔されてもそれほどイライラしません。アメリカ人は「前にいる人がゆっくり歩くのもその人の権利だ」と考えるようで、「エクスキューズミー」とひと声かけて道を譲ってもらうか、後ろで同じ速度で歩くかのどちらかです。

ところが、ほとんどの日本人は同じ状況になるとイライラしてしまいます。これは、日本人の多くが「後ろから来る人のことも考える」ことがマナーだと考えているからです。あおり運転も同じような状況で起きますから、そういうマナー違反に対して、ある種の正義感を持って相手を糾弾しようとするのです。正義感というのは怒りと同様の背景をもつのですが、ポジティブな感情とされていることが問題性を深めています。

——あおり運転を解決する方法は考えられますか？

たとえば、安全運転をする人には報酬が与えられるようにするというのがいいですね。あおり運転をする人は、「運転がうまい」と自認している人が多いので、制限速度を守る、渋滞をさせない運転をするとか、そういう部分を評価してあげるのです。今は、Aーが使えるので、高速道路などに判定用のカメラをつけておいて、良い運転をするドライバーを表彰するとか、高速道路料金を割引くとかの仕組みを作ると効果的でしょう。

——SNSや掲示板などで、何か問題を起こした人を多人数で徹底的に「叩く」といった行為はなぜ起きるのでしょうか？

SNSというのは、ちょっとだけ知っている程度の人々とつながっている世界です。なんらかのきっかけで同じコミュニティの気分になるのですが、基本的な構図は「見知らぬ敵の集まり」です。そういった人々と連帯感を感じて架空の信頼を一時的に形成しても、それが裏切られてしまえば、すぐに「なんだ！」となって敵対心にかられ、炎上するというのが基本メカニズムです。

執拗に攻撃するのは、あおり運転と同じ正義感からで、自分なりのルールがあってそれに従わないからです。本来、同じコミュニティの仲間だったら、糾弾すれば相手はビビって心変りもするものですが、コミュニティ外の人間だから従いません。むしろ、攻撃に対する防御反応でよけいに頑なになってしまう。そうした態度が火に油を注いで、さらに攻撃が激化してしまいます。仲間意識みたいな心理が、仲間ではないところで発揮されてしまう現象で、これもミスマッチから問題が起きていると言えるでしょう。

炎上に便乗して叩くという行為は、支配欲とも関係しています。大勢集まれば一段高い有利な立場に登れます。単に支配したいという欲求が発露するため、内容はともかく叩くほうに回ってしまいます。もちろんストレス発散、憂さ晴らしの意味合いもありますし、自分より下の人間がいるという安心感も得られます。人間のもともと持っている本質が、匿名性によって出やすくなるのです。

□戦争の根本は人口問題

――過去から現在に至るまで世界中で戦争や紛争が起きていますが、協力と信頼で結びついていたはずの人間がなぜ争うようになってしまったのでしょう？

ほとんどの動物は、よい環境に棲むことができたらどんどん個体数が増えていきます。すると、資源を食い尽くしてしまい、やがて仲間割れをして個体数を減らして……というサイクルをくり返すのです。

農耕と牧畜が発明されてから、よい環境、つまり豊穣な土地を巡る争いが集団間で起こりやすくなりました。すると、強い集団がその土地を勝ち取り、子どもを増やして集団が大きくなっていきます。人口がダンバー数を超えると、狩猟採集時代のような和気あいあいとした信頼関係は構築できなくなります。資源を食い尽くしたならば別のところに資源を求め、成功すれば集団が拡大して国になります。共通の敵がいれば団結できるので、大きな帝国も敵がいる間は団結して維持できるのだけれども、敵がいなくなるとあちこちで、増えた人口が資源を巡って内輪もめを起こし集団が崩壊、再び群雄割拠になっていくというサイクルをくり返してきました。結局は人口問題なのですね。

幸運なことに、産業革命以降は食糧の大量生産ができるようになって、資源の余裕ができました。ところが世界人口は、私が生まれたころの30億人に対して、いまは80億人まで増大し、すでに限界に近づいています。アフリカなど発展途上国で食料供給が追いつかないのは、格差を生む政治の問題となりやすいのですが、文明を上手く回していける地域と、そうではない地域があるのも事実です。文明を上手く回せるほうに「お金」という富が移動してしまうから、それをＯＤＡ（政府開発援助）などで還元するのですが、受け取ったほうがそれを活かす能力や体制ができていない。つまるところ、焼け石に水です。

――21世紀になっても争いは減っていないように思います。

そう思うのも無理はありませんが、「人間の暴力は減っている」のです。人間には文明があって、知恵があって、理性もあって、科学技術も進歩しているので、どうにか人間同士で争わないように工夫を続けています。進化心理学者のスティーブン・ピンカーは、この明瞭な事実がなかなか受け入れられないので、人類史全般に渡る大量のデータを集め、戦争や殺人などの直接的な暴力から差別や偏見といった間接的な暴力まで、あらゆる種類の暴力が過去と比較すれば減っていることを明らかにしたのです。この成果は『人類史の暴力（上・下）』という著作にまとめられていますので、興味ある方はぜひ読んでみてください。

用語解説

人口問題

先進国の出生率減少と少子高齢化による人口減少、開発途上国の人口増加による貧困問題や食料危機、環境破壊など、人口から生じるさまざまな社会問題のこと。

スティーブン・ピンカー

アメリカの実験心理学者、認知心理学者であり、進化心理学の第一人者。ハーバード大学心理学教授。視覚認知、心理言語学、人間関係について研究し、『言語を生みだす本能』『人間の本性を考える』など多数の著作がある。

ダニエル・リーバーマン

アメリカの古人類学者。ハーバード大学人類進化生物学教授、同大エドウィン・M・ラーナー2世記念生物学教授、人類進化生物学科教授。ヒトの頭部と人体の進化に関する研究で知られる。靴を履かずに走る「裸足への回帰」を提唱し「裸足の教授」と呼ばれる。

農業革命

人類が約1万年ほど前に穀類の栽培と家畜の飼育を発明し、社会構造が狩猟採集社会から農耕牧畜社会に切り替わったこと。「新石器革命」とも。社会学では、18世紀後半イギリスで産業革命と平行して起こった農村社会の変革のことを指す。

発情期

動物とくに哺乳類が交尾ができる生理状態にあり、交尾をもとめる行動をおこす時期。性的興奮状態。多くの哺乳類は1年に1回の繁殖期にのみ発情するが、人間には存在しない。

乱婚

集団内のオスとメスがともに、特定の相手を定めず、複数の相手と性的関係を持つこと。ある個体の遺伝上の父親が明確でないことが多く、社会的役割としての父親が存在しないか、複数のオスが父親として振る舞う。

第4章

悩んでも仕方ない
これからの時代を
生きていくために

1 その悩み 実は人類共通のものかも？

現代社会は現代人に合ってない!?

自分自身はうまくやっているつもりなのに、なぜか周囲から浮いてしまう。職場や学校に馴染むことができない。居場所がないように感じる。こうした社会とのズレや漠然とした居心地の悪さに悩み、苦しんでいる人が増えていると言います。しかし、これは一部の人にだけ起こる現象ではなく、人間なら誰にでも起こりうる生まれ持った反応によるものなのです。

サルからヒトへ進化するなかで現代人のような脳が形成されたのは、今から約250万年から数万年前の狩猟採集時代だと言われています。その頃の人類は小さなグループの仲間同士で助け合って生きていました。誰かが死ぬか、子どもが生まれる以外、仲間の顔ぶれが変わることもほぼなく、非常に密な関係性のなかでヒトとしての脳が形成されていったのです。

一方、現代社会はどうでしょう？　狩猟採集時代のような人との濃密な繋がりは珍しくなり、より希薄で間接的なものになってきています。協力関係も必要なときだけの流動的なものです。脳のベースは狩猟採集時代に作られたわけですから、ここまで極端に状況が変わればすんなり適応できないのは当たり前。日々感じているズレも「そういうもんだから仕方ない！」と割り切ったうえで、以降のページで自身に合った対処法を探っていきましょう。

キーワード
濃密なつながり

悩む原因は現代社会と心のズレ

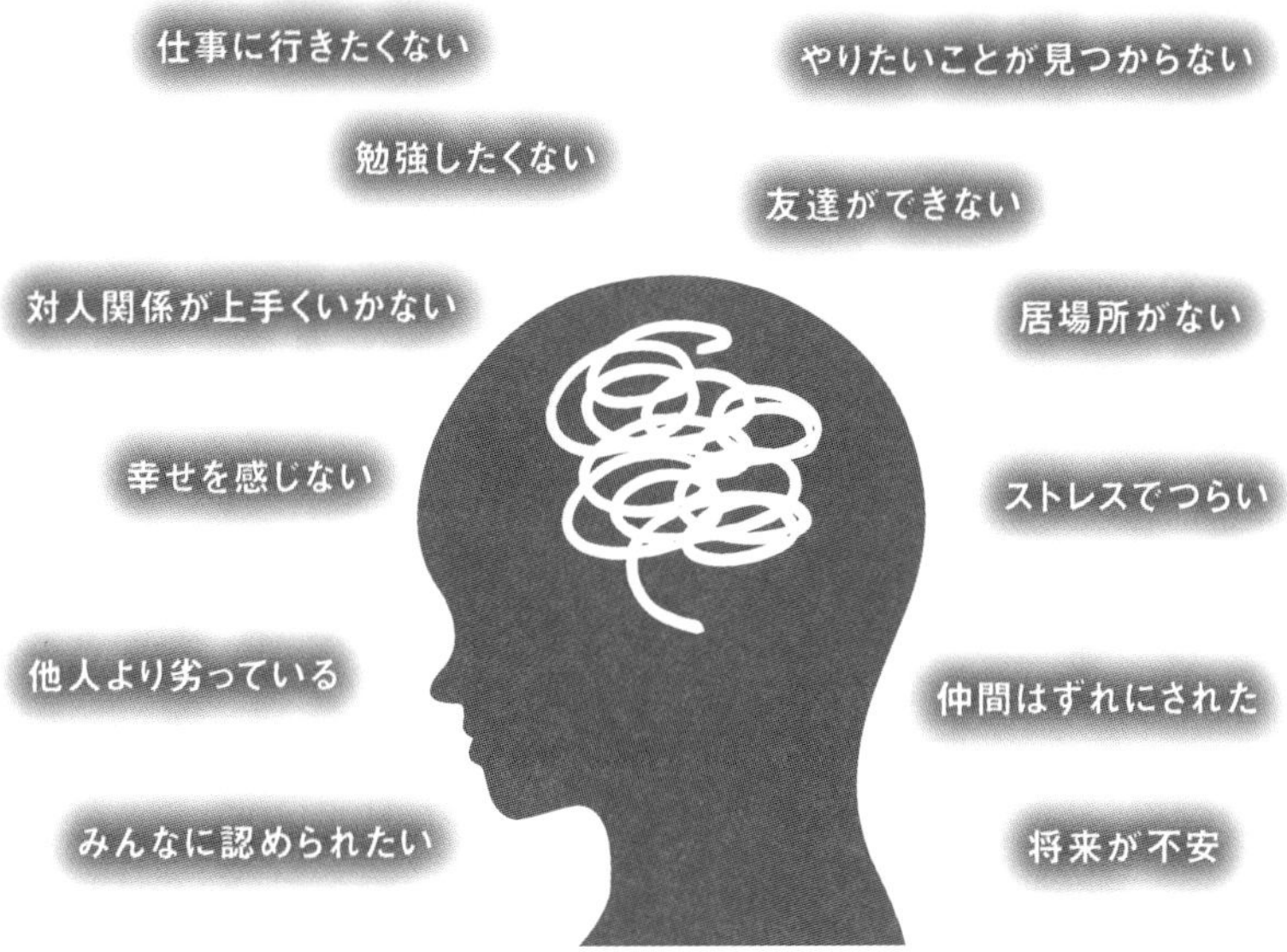
仕事に行きたくない
やりたいことが見つからない
勉強したくない
友達ができない
対人関係が上手くいかない
居場所がない
幸せを感じない
ストレスでつらい
他人より劣っている
仲間はずれにされた
みんなに認められたい
将来が不安

現代社会と人間の心にはズレがあるため
あなたが悩んでいることは
きっと世界中の誰もが悩んでいること

2 〝承認〟されなくても不安になる必要はない

キーワード

承認欲求モンスター
SNS依存

暴走した欲求が「怪物《モンスター》」を生む

　最近よく耳にするようになった心理学用語のひとつに「承認欲求」というものがあります。誰かに認めてもらいたい、自分の存在や価値に気づいてほしいと思う願望のことです。ＳＮＳが広く普及した現代、間接的ながら世界中の人々と簡単に繋がることができるようになり、この承認欲求が過剰に発露してしまう人も登場しました。いわゆる〝バイトテロ〟や〝迷惑動画〟を投稿して大炎上してしまう「承認欲求モンスター」と呼ばれる人たちです。彼らはなぜそこまでして「承認」を求めるのでしょうか？

　承認欲求が芽生えたきっかけは人類の狩猟採集時代にあります。当時の人々は仕事の選択肢がとても少なく、男性は狩りに関する仕事、女性は採集と子育てくらいしかありませんでした。そして、集団のなかで役に立つことを示さなければ、居場所がなくなり路頭に迷うことになったのです。それだけに仲間に自分の能力を示し、存在価値を認めてもらうことは何より重要でした。以来、２００万年以上に渡って人類に受け継がれてきた欲求ですから、現代人が「承認されたい！」と願うのも仕方がないのかもしれません。ただ、現代は誰かの承認がなくても生きていける時代です。先述のように承認欲求が暴走して事件に発展してしまうこともあるので、「やりすぎ」には十分注意してください。

SNSへの依存に注意

誰もが持つ承認欲求

〝認めて欲しい〟と思うのは
集団で役に立つことを認められないと
生き残ることができなかったことが原因

誰かに認めて欲しいと思うのは自然なことだが
それに囚われすぎるのは意味がない

**現代は承認されなくても
生きていける社会**

集団からの承認が死活問題だった
狩猟採集時代とは異なり
現代社会では必ずしも承認される必要はない

現代社会では認められなくても
不安になる必要はない！

**行き過ぎた承認欲求は
逆効果になる可能性大！**

〝いいね〟欲しさの言動でSNSが炎上したり
友達にうとまれたりして
かえって認められなくなる可能性もある

〝いいね〟は安心感を得られるが
依存してしまわないように注意！

3

仲間はずれにされてしまっても別の仲間がいると考えよう！

キーワード

いじめ
複数集団への所属

今いる場所が唯一の居場所ではない

前のページで紹介したとおり、狩猟採集時代の人々にとって自分が所属する集団に認められることは大変重要なことでした。万一、承認が得られず、仲間はずれにされてしまったら、ほかに行くところがないからです。この時代、集団から孤立することは「死」を意味したため、その恐怖が心に刻まれています。

これに似たケースは現代社会でも見ることができます。学校や会社のようにいつも決まったメンバーで構成されている組織です。この集団で承認が得られなかったり、裏切り者と誤認されたりするとメンバーに無視されたり、ひどいときには言葉や暴力による「いじめ」を受けることさえあります。事実上の「追放」と言ってもいいでしょう。ですが、現代は狩猟採集時代と違い、その集団から離脱しても死ぬことはありません。今いる学校や会社だけがアナタに与えられた唯一の居場所ではないのです。今、自分が仲間はずれにされている、いじめを受けていると感じているなら、我慢してそこに所属し続ける必要はありません。都合のいいことに現代社会はリアルとネットワークが密接に融合したオープンな世界です。自分にあった仲間やグループ、能力を発揮できる場所はいくらでも見つかります。ひとつの場所にこだわらず、思い切って広い世界に飛び出してみましょう！

集団からの排除は死活問題だった狩猟採集時代

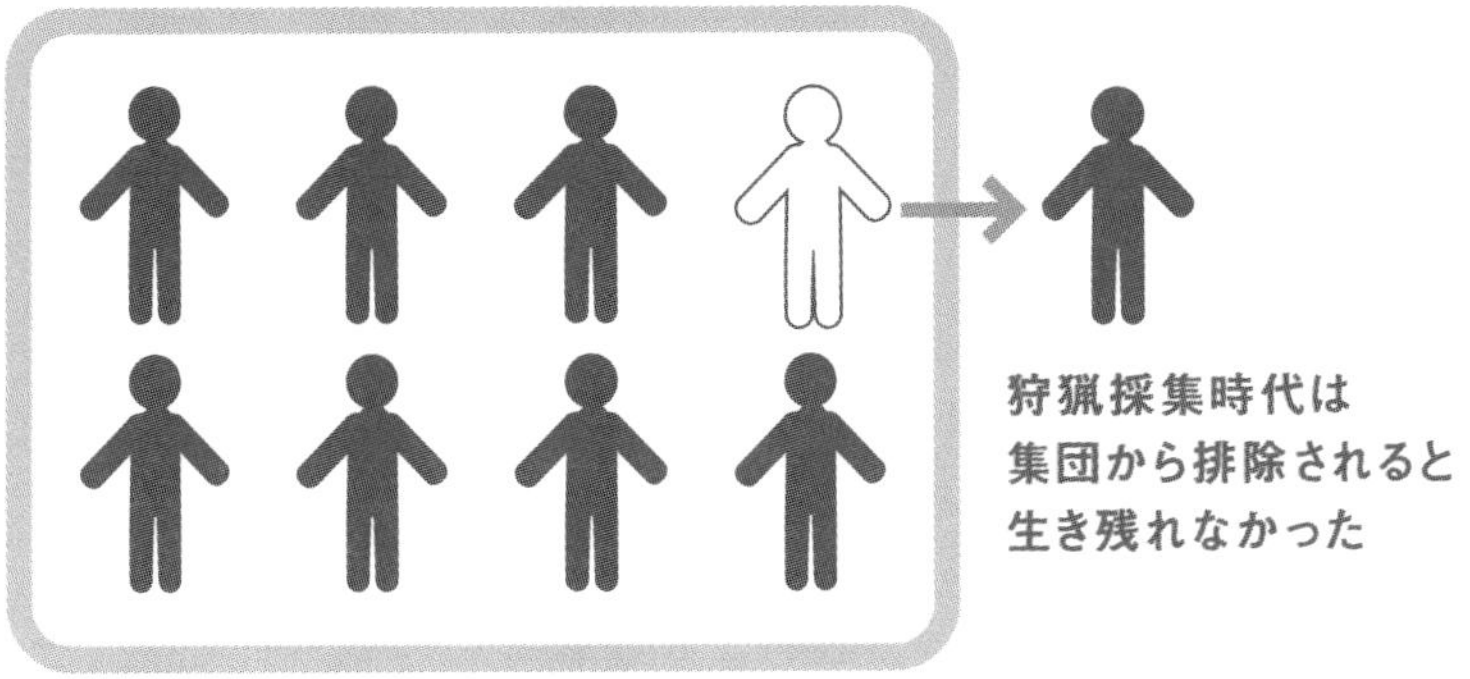
狩猟採集時代は
集団から排除されると
生き残れなかった

所属する集団を自分で選べる現代社会

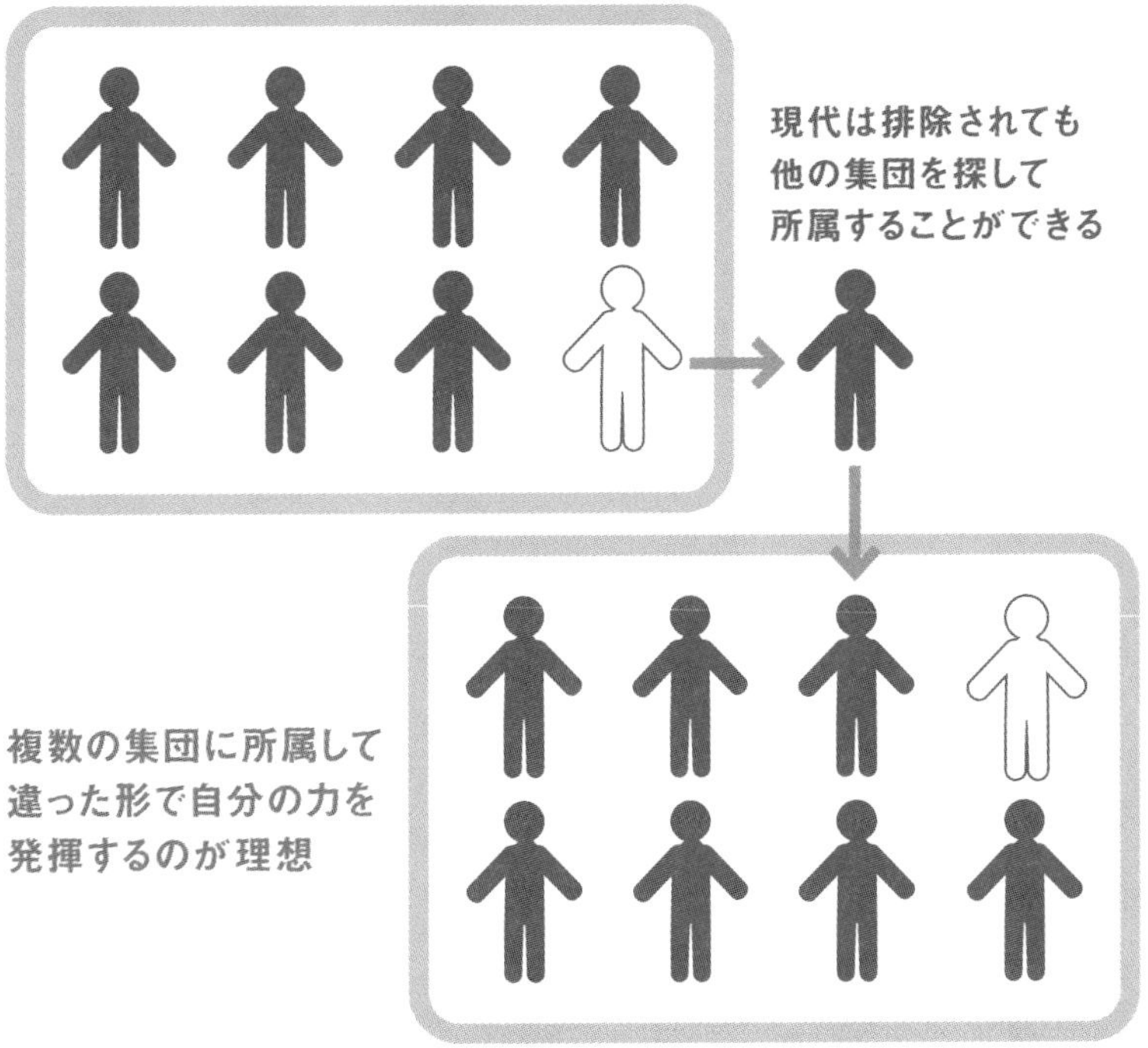
現代は排除されても
他の集団を探して
所属することができる
複数の集団に所属して
違った形で自分の力を
発揮するのが理想

第4章
悩んでも仕方ない　これからの時代を生きていくために

4

学校の成績だけがあなたのすべてではない！

キーワード
適材適所
才能を伸ばす

自分の得意なものを探してみよう

現代社会は、多様性が認められる時代になりました。ひと昔前の日本のように、勉強やスポーツといった「成績」に表れる能力以外にも、漫画が描けたり、ゲームが強かったり、楽器の演奏が上手だったりと、それぞれの才能を武器にして、勝負できるようになったのです。

以前の成績中心の評価は、勉強や運動は、「がんばればできるようになる」「できないのは努力不足」という考え方が根底にありました。つまり、それぞれの能力は努力で伸びると考えられていたのです。

しかし、それは誤りです。人間にはそれぞれ、適材適所があります。なぜなら、一人ひとりの遺伝子は異なるものだからです。できないことをできるようにする努力をするくらいなら、そのエネルギーを、自分ができることを探すのに使ったほうが、遥かに有益です。

もちろん、どんな分野でも一線で活躍している人は、才能に加えて努力も怠らないのは言うまでもありません。

もし、あなたが「勉強ができない」と悩んでいるのなら、あなたの「できること」の才能を伸ばすように努力してみましょう。

少しだけ勇気を振り絞って、さまざまな環境を経験すれば、きっとあなたに合った場所と能力が見つかるはずです。

人にはそれぞれ得意・不得意がある

勉強が苦手なのは努力不足ではなく
持って生まれた特性のひとつと考えるべき

苦手な勉強に時間を使うより
得意なものに時間を使うほうが有意義

勉強以外の能力を見つけるために
さまざまな環境を経験しよう（させよう）

5 自分の可能性を積極的に探ろう！

現代人は恵まれている

前項で、自分の才能を伸ばすことが大切と述べました。では、どのようにして、その才能を見つければよいでしょうか。実は、その点について、現代はとても恵まれた状況にあるのです。

狩猟採集時代を考えてみてください。毎日の生活は画一的で、環境を変えるということもできなかったことでしょう。加えて、当時の寿命は今よりもずっと短く、その意味でも、自分の才能を見つけ出す時間は少なかったのです。

現代に生きる私たちの生活には、条件も時間も十分に整っています。まずは、少しでも興味があることを探し、それを経験できるような環境に身を置いてみましょう。すぐには見つからなくても、あきらめることなく、いろいろな経験をしてみてください。そして、もし「これだ」というものに出会えたら、その力を伸ばすために努力をしましょう。

もちろん、努力がすぐに実を結ぶとは限りません。ただ、簡単にあきらめることはもったいないことです。なぜなら、自分のなかでは、もう少しで才能が芽を出そうとしているかもしれないからです。

自分がやって楽しいということを見つけ、その能力を伸ばすために努力をする。現代人に与えられた自由の権利を、十分に活用して、有意義な毎日を送ってください。

キーワード
環境を変える
努力が楽しい

遺伝（才能）と環境のマッチが大事

「努力すれば必ず成果が出る」という考え方は誤り
遺伝と環境が合っていなければ大きな成果は望めない

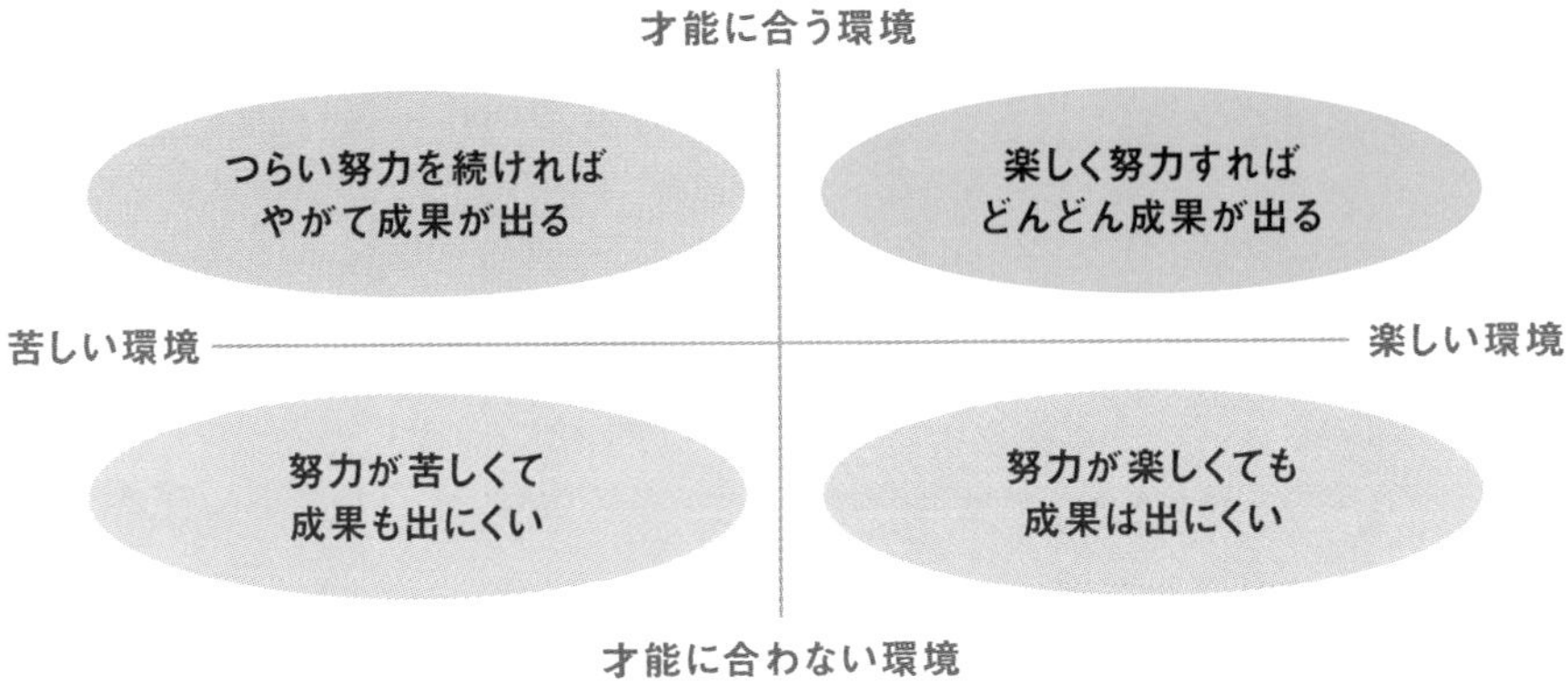
才能に合う環境
つらい努力を続ければ
やがて成果が出る
楽しく努力すれば
どんどん成果が出る
苦しい環境
楽しい環境
努力が苦しくて
成果も出にくい
努力が楽しくても
成果は出にくい
才能に合わない環境

才能が埋もれていた狩猟採集時代

- 画一的な環境
- 環境を変えることが困難
- 短い寿命

↓

才能を見つけやすい現代

- 多様性のある環境
- 環境を変えることが容易
- 長い寿命

自分の遺伝（才能）に合った
環境を見つけるために
若い頃からさまざまな
経験を積むことが大切

6 “だらしない”のは人間の性

キーワード
自分のコントロール環境を探す

自分をコントロールできる環境

楽をして暮らしたい、面倒なことを先延ばしにしたい、お酒を飲みたいなど、人間には、さまざまな欲求があります。それらにしたがって生きていることは、しばしば、「だらしない」という、マイナスイメージの言葉で語られます。しかし、これまでの進化の過程を考えれば、だらしなくなってしまうのは、仕方のないことなのです。

たとえば、だらしない人は、ものが片付けられないとされています。しかし、私たちの性格が形作られた狩猟採集時代、そもそも人はそれほどものを持っていませんでした。たくさんのものを所有し、それを片付けなければならなくなったのは、ごく近年のことなのです。

また、やらなければならないことを先延ばしにしてしまうのも同じです。かつての人類は、その日暮らしが当たり前でした。先を予測して行動するという必要があまりなかったのです。

つまり、人がだらしなくなってしまうのは、社会の進歩に、もともとの心が追いついていないのが原因なのです。

では、どうすればいいでしょう。まずは、自分がだらしないことを恥じたりすることなく、自分をコントロールできる環境を探し、少しずつの習慣づけや、訓練を重ねることです。そうすることで、自分を律して、だらしなさを改善することができるのです。

だらしないのは人類共通の傾向

片付けられない

定住していない狩猟採集時代は
片付ける必要がなかったため
片付ける能力が備わっていない

↓

片付けることが遊びになるようにする

先延ばしにする

未来の報酬を予測して行動しても
無駄になることが多いため
直近の報酬を重視してしまう

↓

すぐにやると報酬のくる環境に身を置く

遅刻してしまう

文明社会になってから
約束は重要になったため
心がまだ慣れていない

↓

約束を守る準備を促してくれる
秘書サービスに加入する

お酒を飲みすぎてしまう

アルコールを好む傾向があるが
自分で抑えられないので
飲みすぎてしまう

↓

アルコールが手に入りにくいところへ行く

〝だらしなさ〟は習慣づけを訓練できる環境で改善可能

7

“男らしさ”“女らしさ”は時代遅れ

しかし、現代の社会はどうでしょう。職業による性的な役割分業というものは少なくなって、男性でも女性でも、さまざまな職業につくことができるようになっています。このような状態を、淘汰圧が低下したと言います。

生殖面でも、男らしさや女らしさを必要以上に求められなくなったため、生物学的な男女差も小さくなっています。そのため、中性的なふるまいをする人が増えていくのです。

もし、「男性だから」「女性だから」という見られ方をして苦しんでいる人がいたら、もはやそんなことを気にする時代ではありません。性別にかかわらず、自分は自分として、堂々と生きていけばいいのです。

キーワード

淘汰圧の低下
性的役割分業

「自分は自分」として堂々と

「ジェンダーレス」という言葉がよく聞かれるようになりました。これまでの、「男性」「女性」という区分けにかかわらず、双方の差異をなくしていこうという考え方です。

これまで述べてきたとおり、人間はかつて、男性は狩りに行き、女性は子育てや家の仕事をするという分担がされていました。もちろん、当時でも、狩りの得意な女性や、子育てが得意な男性はいたことでしょう。ただし、その頃の状況では、必ずしも得意な仕事が割り当てられるということはなく、そのような人たちは、淘汰されていったのです。

男女の役割が明確ではなくなった現代社会

狩猟採集時代は男女の役割が明確で男らしさ女らしさが重要だった

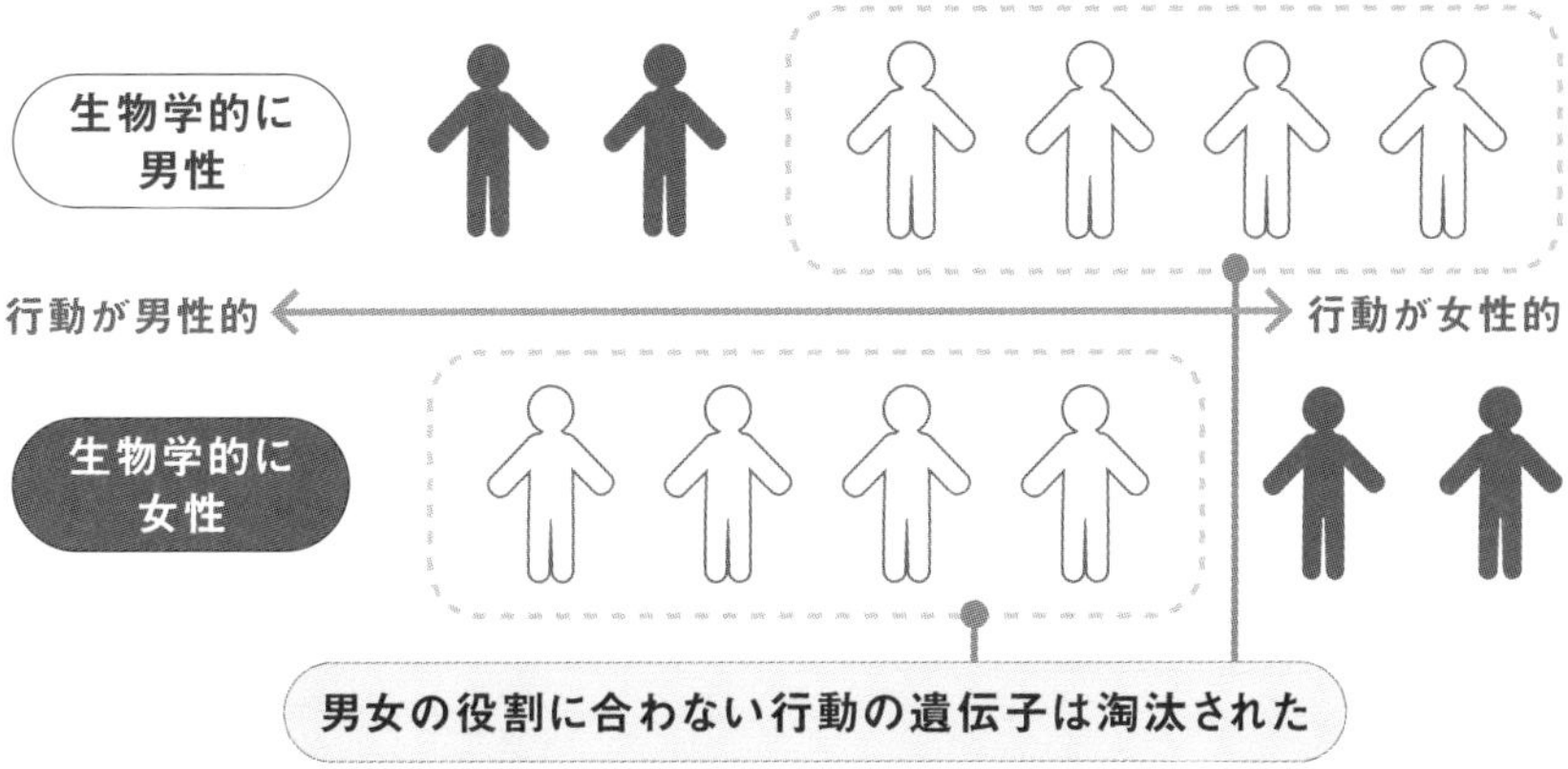
生物学的に男性
行動が男性的
行動が女性的
生物学的に女性
男女の役割に合わない行動の遺伝子は淘汰された

現代社会では男女の役割が明確ではなく男らしさ女らしさは重要ではない

生物学的に男性
行動が男性的
行動が女性的
生物学的に女性

男女差が小さくなった現代社会

- 社会での性別による役割分業が減少
- 男らしさ女らしさを発揮しなくてもよい社会
- 中性的ふるまいへの淘汰圧が下がってきている

女らしい男性
男らしい女性が
増加している

8 “他人を理解できない”“他人に理解されない”のは当たり前

キーワード

他者理解能力

相互理解が難しい時代

「相手のことが理解できない」「自分のことを理解してもらえない」と悩んでしまったことはないでしょうか？

人間は相互理解を通じて協力関係を築くという心の働きが備わっているため、それが上手くいかずに、理解できなかったり、理解されなかったりするとどうしても悩んでしまいます。

100人程度の協力集団で暮らしていた狩猟採集生活では、集団内のメンバーとは一生の付き合いでした。コミュニケーションをとる時間が十分にあり、相互理解が容易だったため、複雑な他者理解の能力は進化しなかったのです。

それに対して、現代社会は相互理解がかなり難しい状況になっています。所属する集団が固定されず、複数の集団に所属することもあるため、数百人と知り合うことが珍しくありません。そうなると一人ひとりとのコミュニケーションに時間を使うことができず、関係が希薄になってしまいます。

また、さまざまな仕事があり、個人の趣味や嗜好、興味も人によってバラバラなため、行動が複雑になっています。つまり、人々の多様性が他者理解を妨げてしまっているのです。

現代社会は、人間の他者理解能力では対応が難しい社会構造になってしまっているのです。そのことで悩み過ぎる必要はありません。

現代社会で希薄になった人間関係

現代社会の人間関係
結びつきが
弱い
狩猟採集時代の人間関係
結びつきが
強い

現代の他者理解は困難

・時間的余裕がない
・多様性が進み行動が複雑
・流動的な集団に複数所属し
数百人との付き合いが発生

狩猟採集時代の他者理解は容易

・時間的余裕があった
・行動が比較的単純
・固定されたひとつの集団で
100人程度と一生の付き合い

狩猟採集時代と比べて人は多様化が進み
関係も希薄になっているため
他人のことを深く理解できないのは当たり前だと考えよう

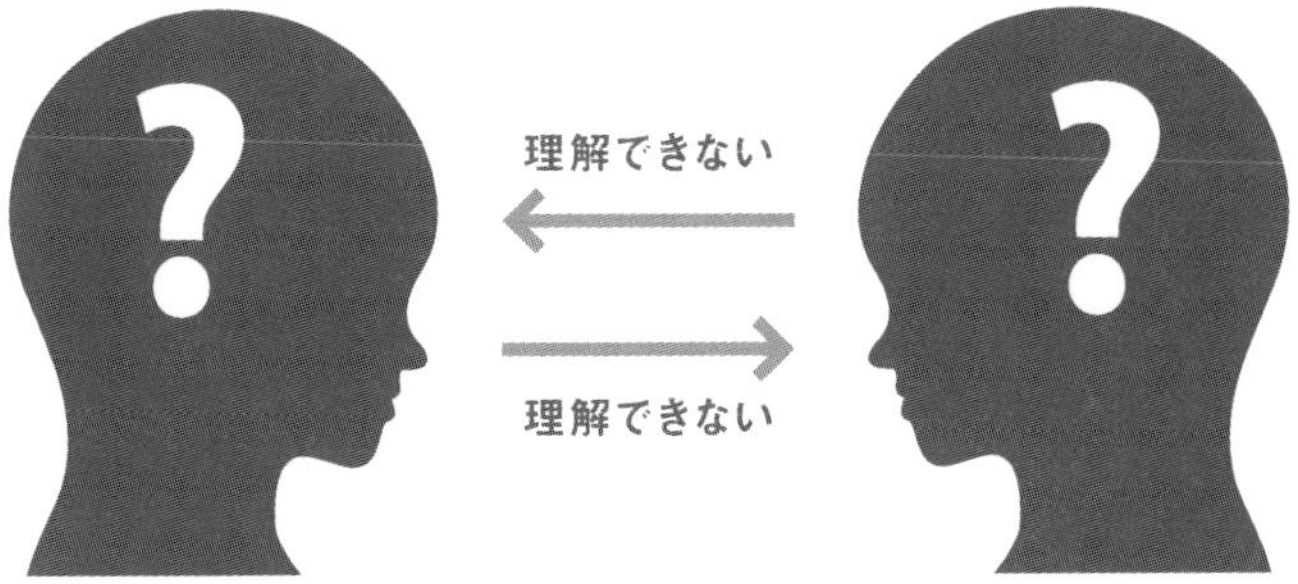
?
?
理解できない
理解できない

相互理解ができるように進化していない

9

お金＝幸せではないことを知ろう

信頼できる仲間が一番大切！

現代は、お金を介して不特定多数の人が間接的に協力し合う社会であることは、すでに説明したとおりです（133ページ参照）。私たちは、お金で〝もの〟を買うことによって、さまざまな欲求を満たしていくことが当たり前になりました。またお金を支払うことで、さまざまなサービスを受けることもできます。

このように、お金さえあれば、やりたいことが自由にできる時代になっています。しかし、お金がたくさんあれば、その分だけ幸せになるかというとそうではありません。

なぜなら、その幸福感はいずれ頭打ちになるからです。人間は厳しい狩猟採集生活のなかで、衣食住の確保、安全な生活、子どもが育つといった基本的な欲求が満たされたときに幸福感を感じるようになりました。

ところが、お金が増えても、増えた分だけ基本的な欲求を満たし続けるということはできません。また、お金が貯まることで満足し、幸福感を得るようにもなっていません。そのため、必ずどこかで幸福感は頭打ちになるのです。

生きていくうえでお金は大切なものですが、幸せという意味では、周囲の人々と信頼できる関係を結び、協力し合うことのほうが大切だと言えるでしょう。それが人間の心にとって、一番自然で幸せなことなのです。

キーワード

幸福感の頭打ち
信頼関係の希薄化

お金と幸福感の関係

幸福感(110ページ参照)

生活の基本的な要件(衣食住、安全、子どもが育つ)
が満たされると人は幸せを感じる

↓

一定の収入があれば幸せを感じる

お金で生活の基本的な欲求を満たすことが
できるので幸せを感じる

↓

収入が増えても幸福感は頭打ち

ある程度稼いでお金が貯まればそれで満足という
構造になっていないため、
収入の増加と幸福感は比例しない

お金にはデメリットもある

お金のメリット

・間接的な協力関係の達成
・貯めておくことができる
・万が一の事態に対する不安の解消

お金のデメリット

・人間的な協力関係が薄れる
・お金への欲求は際限がない
・打算的でドライな思考になる

お金を持っていれば何かあったときに
誰かが助けてくれる安心感があるが
お金をたくさん儲けても幸せな人生にはならない

10 フェイクを見抜く目を養おう

キーワード

信じたい心理
自己欺瞞

人はそもそも騙されやすい

現代は「フェイクニュース」を筆頭に、さまざまなフェイクがあふれ返る時代になっています。なぜ私たちは騙されてしまうのでしょうか？

根本的な原因は、私たち人間が狩猟採集生活で身につけた「仲間を信じて信頼し同調する心」が備わっていることです。そのため、フェイクを疑うことなく信じてしまいやすいのです。

フェイクには、選挙ポスターのように見かけの美しさや力強さで訴える「イメージ戦略」、体験談などで共感に訴える「商品広告」、豊富なイメージを想起させる言葉を使う「商品名」や「キャッチコピー」、自分や商品の評判を良く見せかける「口コミ」や「いいね」、科学の信頼性、科学者の権威を利用する「疑似科学」や「フェイク情報」、不確実な情報が広まってしまう「デマ」、国家や民族などをまとめるために敵がい心をあおる情報を流す「プロパガンダ」など、実にさまざまなものがあります。

こうしたフェイクに騙されないようにするためには、提示された情報を鵜呑みにする前に、「これは本当に信頼できるのか？」「信頼できると判断したのはなぜか」を冷静に考えることが大切です。もし、信頼できると判断した理由が客観的なものでないのなら、それは相手を信じたいという人間の心理を利用したフェイクである可能性が高いでしょう。

世のなかにはびこるさまざまなフェイク

見かけで訴えるフェイク
- 印象のよい人物の言動は信用してしまいやすい
- 見かけの美しさや力強さでは人の信頼性は判断できない

共感に訴えるフェイク
- まず人を信じる性質を利用した共感に訴える手法
- 相手の気持ちに共感することは利点と欠点がある

言葉で訴えるフェイク
- 言葉によって偽りの想像をを抱かせてくる
- 伝聞による印象は強く受け止めないように留意

評判に訴えるフェイク
- 自己肯定感を高めようとする心が自己欺瞞を生み出す
- 相手の良い評判は〝盛った〟自己欺瞞の結果かもしれない

疑似科学で訴えるフェイク
- 科学の信頼性や科学者の権威を利用した偽情報が存在する
- 先端科学ほどその正しさは不確実である

誤解が広めるフェイク
- 不確実な情報でも誤解から確信に変わってしまう
- 誤解が訂正されずに広まる危険性を知っておく

結束を促すフェイク
- 集団をまとめるために意図的な嘘情報が流される
- 敵がい心をあおる情報によって集団の結束を促す

さまざまなフェイクが生まれる
心理構造や社会構造を
理解すれば
フェイクに騙されることや
フェイクを助長してしまうことを
ある程度は予防できる！

11 内向型人間の時代がやってくる

キーワード
外向性・内向性
生きやすい環境

内向性は欠点ではなく長所！

人間の性格にはさまざまなタイプがありますが、大きなくくりとして「内向型」「外向型」という考え方があります。これは、スイスの心理学者カール・グスタフ・ユングが最初に提唱したもので、内向型は「自分の内面（感情、思考、感覚）に興味が向きやすい性格」、外向型は「自分の外側にあるもの（人物、できごと）に興味が向きやすい性格」とされています。

外向型の人間は、積極的かつ社交的なため、たくさんの人とコミュニケーションを取ることを好み、考えるよりも先に体を動かします。リーダーシップを発揮することができる反面、思慮が足りない部分があります。

一方、内向型の人間は、消極的で社交性に乏しく、理論的に考え慎重に行動します。ひとりで仕事に集中することを好み、高い集中力でコツコツと仕事をこなしていきます。

これまでは、外向型人間のほうが社会的に評価されることが多く、内向型の人間は、「根暗」「陰キャ」などと揶揄されてきました。

しかし、社会構造が変化しつつある今、働き方も変わってきています。これまで欠点とされてきたものが長所になる環境が形成されつつあります。たとえばテレワークであれば、ひとりでコツコツと仕事に精を出す内向型人間のほうが、成果を出しやすいのです。

ユングの外向性と内向性

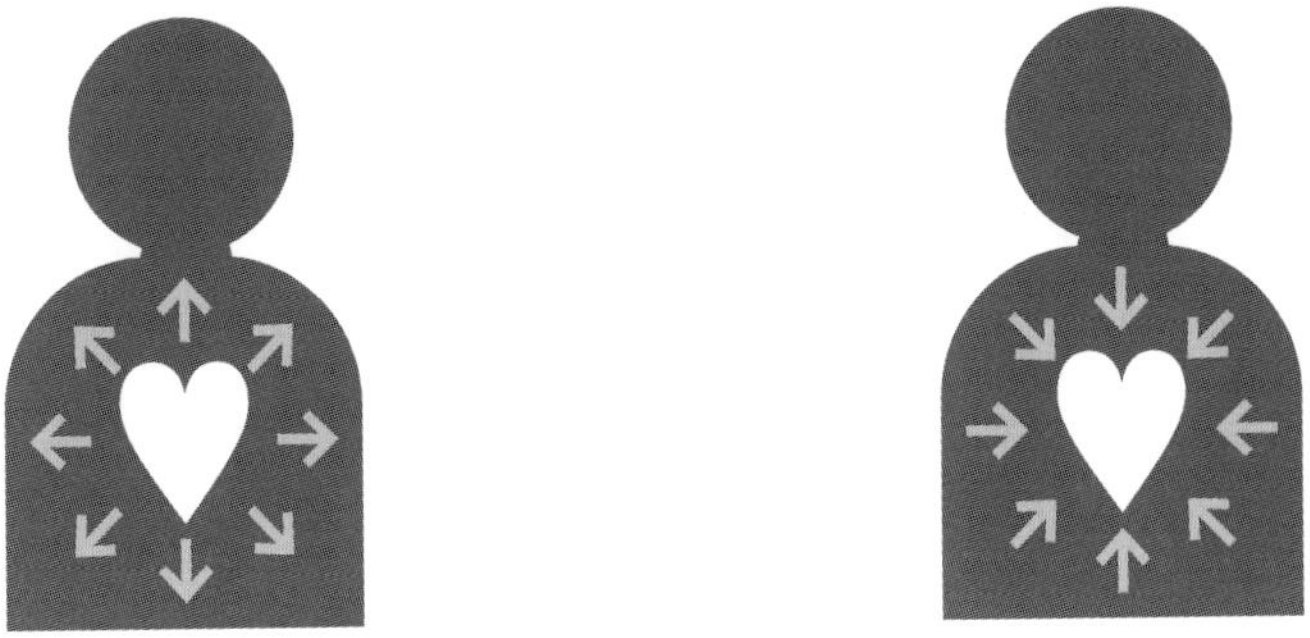

外向性	タイプ	内向性
関心や趣味が外側に向きやすい	関心	関心や趣味が内側に向きやすい
周囲の状況に従う	決定	自分の主観に従う
積極的・社交的	社会性	消極的・一人を好む
実務的・反応的・実行優先	思考	理論的・内省的・慎重
外向型は自分の外側の人物や出来事などに興味のベクトルが向かいやすい	特徴	内向型は自分の内側の感覚や感情、思考などに興味のベクトルが向かいやすい

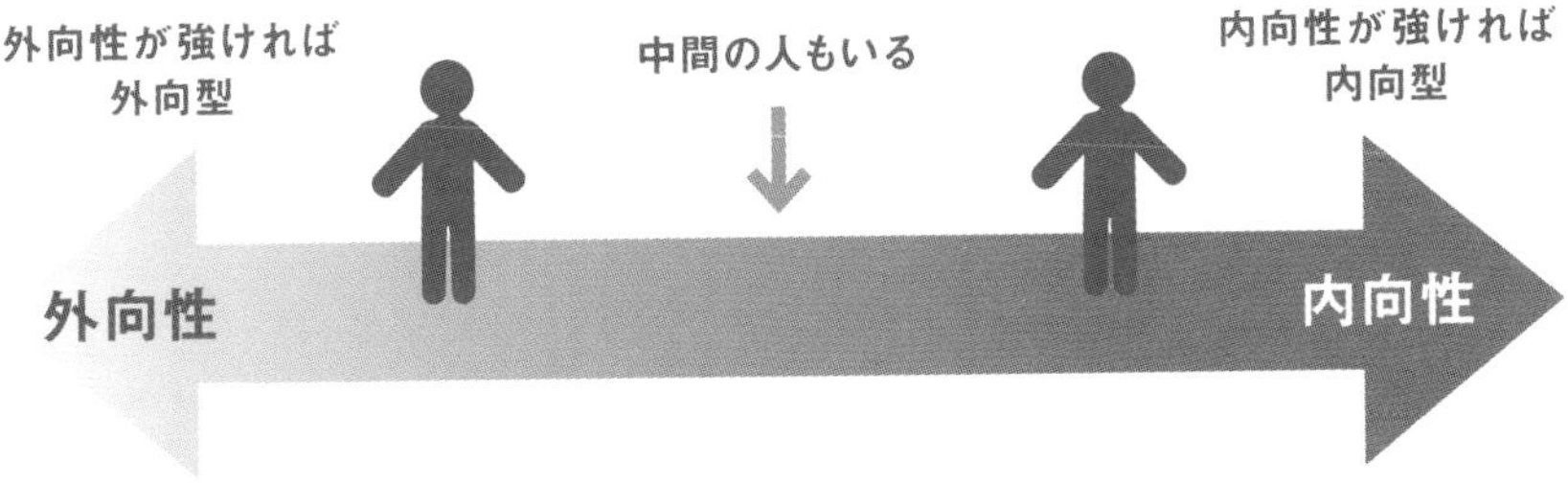
外向性が強ければ
外向型
中間の人もいる
内向性が強ければ
内向型
外向性
内向性

自分の特性を把握して生きやすい環境に身を置こう

明治大学情報コミュニケーション学部教授

石川幹人インタビュー④

進化心理学の今後

□フェイクに対する自衛策を考えるべき時代

――フェイクに対して個人で対応できることはありますか?

フェイクに対するファクトチェックを個人で行うのは無理な話です。だから、本当に善良な発信者だけのSNSとか、証拠や数値を揃えたファクトを発信するメディアとか、そういう環境を作って、何かあったときはそこの情報を参照するのが得策です。信頼性の高い情報源を社会で確保していく努力が、今後は不可欠だと思います。

これまではNHKや新聞などのメディアが、そういう信頼性のある情報源として機能していました。もちろん、それすら疑わしいと思う方も一定数いるとは思いますが、ある程度の信頼性はあったと言えるでしょう。ただ、そうした既存のメディアの信頼性が揺らいでいるのも事実なので、信頼性の高いメディアだったらお金を払ってでも会員になって、そこから情報を得るとか、何かあったら相談するとかの手段を一般化させておかないと、フェイクに騙されることを防げません。なぜなら、「フェイクでもいいから面白ければ注目が集まる」「注目が集まれば広告収入が入る」という構造になっていれば、注目されることに長けた人たちが、手練手管でさまざまなフェイクを撒き散らすからです。

頑張ってファクトを発信しても、フェイクはその数倍、数十倍のスピードで誕生しているので事実は埋もれてしまいます。しかも、フェイクのほうがセンセーショナルで、人の興味を惹きやすいように作られています。みなさんも、タイトルに興味を持って記事を開いてみたら、内容が何の根拠もない憶測だったり、タイトルとの関連性がなかったりといった、いい加減な記事にうんざりした経験があるはずです。こうした記事ばかりが増え、まともな記事がどんどん埋もれてフェイクだらけになっているのが現状です。

しっかりとした証拠やデータ、取材などに基づいたファクトを発信するより、適当に作れるフェイクを発信するほうが楽で手間がかからないので、閲覧数に応じて広告料が入る仕組みを変えていかない限り、フェイクの問題は解決には向かわないでしょう。

□進化心理学の現在地と今後の展望

――進化心理学とほかの心理学との関係、今後の展望について教えてください。

進化心理学は、ほかの心理学のベースになる心理学の基礎論のひとつです。ほとんどの心理学が進化心理学のトピックを入れています。私が取り組んでいる認知心理学もそうですし、社会心理学、文化心理学なども、遺伝的な行動傾向がどう影響しているかといった進化心理学の知見を入れるようになっています。

心理学だけでなく、広く人間科学や社会科学でも進化心理学がベースになりつつあります。たとえば、行動経済学の研究でノーベル経済学賞を受賞したダニエル・カーネマンの著書『ファスト＆スロー』で書かれている内容は、古い脳と新しい脳（136ページ参照）に関連する分析です。このように生物学的な知見を入れて、進化心理学の研究と連続する形で経済行動を説明するという手法は、今では一般的になっています。

一昔前は、たとえば、文化心理学の研究では「文化が人間を作る」とする一方、進化心理学の研究では「遺伝が人間を作る」と言って、水と油のように見られたのです。それが今や融合して、「どこまでが遺伝の影響でどこからが文化の影響」という形で、両方の要因が働いていることを前提とした分析をするようになっています。

また、幸福な社会を作ろうというのは、社会科学の大きな目標ですが、幸福な社会を作る時のベースになるのは「幸福感とは何か?」ということです。つまり、「各自の幸福感というものは、どういう環境において発揮されるのか?」ということを考えておかないと、幸福な社会が議論できません。そこで、進化心理学の「ヒトの幸福感はどういう環境において進化したのか」という分析がとても重要になるわけです。

そういう意味では、進化心理学の歴史は浅いかもしれませんが、決して発展途上ではなくて、すでにかなり完成していると私は思っています。こういった形で、各分野でいろんな側面から人間行動の生物学的な由来を分析していけば、どんどん知見が豊富になっていきます。だから、進化心理学者という専門家がいるわけではなくて、各分野の専門家がみんな進化心理学をふまえて研究するという方向にきている状態です。同じことが脳科学や生理学にも起きていて、同様に各分野に組み込まれつつあります。だんだん人間科学や社会科学が総合的な学問になっているという感じですね。

心理学は仮説が多く、基盤があいまいな学問でした。対して、自然科学は裾野が広くて、いろんな知見が体系的に存在している学問です。進化心理学が心理学を自然科学に接続した結果、「究極の要因はどこにあるのだろう？」と問うたとき、進化に説明を求めていく状況になっているのです。

行動経済学にしろ、文化心理学にしろ、既存の学問に興味がある人は、そこで進化心理学の知見を踏まえて考えるという姿勢をとっていって欲しいですね。たとえば、すごく伝統的な学問で「家族とは何か？」を考える家族社会学という学問があります。そこに

「我々の祖先の血縁集団とはどんなものだったのか？」という生物学的な観点を入れていけば、新たな知見が加わって、散り散りになっている知見がつなぎ合わせられるのではないかと思います。

――最後に進化心理学に興味を持った読者に一言お願いします。

進化心理学の裾野は広がるばかりで系統的に勉強することが難しく、実証的な研究をするにも進化心理学だけではなかなかできません。ある種、生物学の哲学のような議論はあるので、興味が合えば、哲学の方向に進むのが一案です。そうではなくてデータを集めて実践的にやろうとすると、進化心理学が応用される分野に進むことになります。人類学でも社会学でも政治学でも、既存のどこかの分野で進化心理学の知見を入れていくという形になります。

進化心理学は総合的過ぎて、大学でもひとつの講座にはなりにくいのです。「進化心理学はどこの学部で学んだらよいのか」という質問も寄せられますが、たくさん文献があるので、まずは読んで学んでください。勉強した結果、その知見をどの分野で活かしたいかという発想で、進学先を選んでもらいたいと思います。

用語解説

カール・グスタフ・ユング

スイスの精神科医・心理学者で、「分析心理学（ユング心理学）」の創始者。「集合的無意識」の存在を提唱して「深層心理理論」を構成、以降の心理学に大きな影響を与えた。

ジェンダーレス

「ジェンダー（社会的・文化的な性）」と「レス（〜がない）」を組み合わせた言葉。日常生活のあらゆる場面で、男女の文化的、社会的な差をなくしていこうとする考え方。

自己欺瞞

自分で、自分の心をだますこと、あざむくこと。自分の言動が自分の良心や信条、本心に反しているのを知りながら、自分に対して無理に正当化すること。無意識に行なう場合だけでなく、意識しながら行なう場合もあてはまる。

性的役割分業

「男は仕事」「女は家庭」といったように、個人の能力とは関係なく、性別を理由として役割を分けていること、または、そうした意識を持っていること。

ダニエル・カーネマン

アメリカ、イスラエルの心理学者、行動経済学者。経済学と認知科学を統合した「行動ファイナンス理論」「プロスペクト理論」で有名。心理学研究から得られた「意思決定に関する洞察」を経済学に統合した功績により、2002年のノーベル経済学賞を受賞した。

淘汰圧

進化において、生物の個体や形質などが世代を経ることによって生物種内での割合を減少（淘汰）させるように働く要因のこと。自然淘汰の強さの度合いを表わす。淘汰圧が低い場合は、多様な形質を持つ個体が子孫を残せるが、淘汰圧が高い場合は、環境に適応できるごく一部の形質を持つ個体だけが子孫を残して繁栄する。

参考文献

『いい人なのに嫌われるわけ』
石川 幹人著（扶桑社）
『生きづらさはどこから来るか ―進化心理学で考える』
石川 幹人著（筑摩書房）
『遺伝マインド ―遺伝子が織り成す行動と文化』
安藤 寿康著（有斐閣）
『進化心理学から考えるホモサピエンス 一万年変化しない価値観』
アラン・S・ミラー著（パンローリング）
『進化でわかる人間行動の事典』
小田 亮・橋彌 和秀・大坪 庸介・平石 界編（朝倉書店）
『進化と人間行動 第2版』
長谷川 寿一・長谷川 眞理子・大槻 久著（東京大学出版会）
『職場のざんねんな人図鑑 ～やっかいなあの人の行動には、理由があった！』
石川 幹人著（技術評論社）
『人類進化の謎を解き明かす』
ロビン・ダンバー著／鍛原多惠子訳（インターシフト）
『図解でわかる ホモ・サピエンスの秘密』
インフォビジュアル研究所著（太田出版）

『生物学的に、しょうがない！』
石川 幹人著（サンマーク出版）
『その悩み「9割が勘違い」 科学的に不安は消せる』
石川 幹人著（KADOKAWA）
『だからフェイクにだまされる ―進化心理学から読み解く』
石川 幹人著（筑摩書房）
『だまされ上手が生き残る 入門！ 進化心理学』
石川 幹人著（光文社）
『超図説 目からウロコの進化心理学入門―人間の心は10万年前に完成していた』
エヴァンス・ディラン著／サラーティ・オスカー画／小林 司訳（講談社）
『人間進化の科学哲学―行動・心・文化』
中尾 央著（名古屋大学出版会）
『人間性の起源と進化』
西田 正規・北村 光二・山極 寿一編（昭和堂）
『人間とはどういう生物か―心・脳・意識のふしぎを解く』
石川 幹人著（筑摩書房）
『人は感情によって進化した 人類を生き残らせた心の仕組み』
石川 幹人著（ディスカヴァー・トゥエンティワン）
『広がる！ 進化心理学』
小田 亮・大坪 庸介編（朝倉書店）

※この他にも多くの書籍や文献、Webサイトを参考にしております。

【監修者】
石川幹人（いしかわ・まさと）
1959年、東京都生まれ。進化心理学者、明治大学情報コミュニケーション学部教授、博士（工学）。東京工業大学理学部応用物理学科（生物物理学）卒。同大学院物理情報工学専攻を経て、松下電器産業（現・パナソニック）で映像情報システムの設計開発に、新世代コンピュータ技術開発機構で人工知能研究に従事。1997年明治大学文学部助教授、2002年に教授に就任し、同年米国デューク大学に客員研究員として滞在。2004年、明治大学に新設された情報コミュニケーション学部に移籍し、その後同学部長、同大大学院長を歴任。2007年に情報文化学会賞、2013年に国際生命情報科学会賞、2015年に科学技術社会論学会実践賞を受賞。専門は認知情報論及び科学基礎論。主な著書に、『だからフェイクにだまされる　―進化心理学から読み解く』（筑摩書房）、『いい人なのに嫌われるわけ』（扶桑社）、『その悩み「9割が勘違い」　科学的に不安は消せる』（KADOKAWA）ほか多数。

【STAFF】
編集・構成 ――― 株式会社ライブ
竹之内大輔／畠山欣文
ライティング ――― 小日向 淳／青木 聡／村田一成
カバーデザイン ――― 鈴木大輔・江﨑輝海（ソウルデザイン）
カバー装画 ――― 北澤平祐
本文デザイン ――― 寒水久美子
DTP ――― 株式会社ライブ

進歩した文明と進化しない心
進化心理学で読み解く、私たちの心の本性

発行日　2023年12月2日　初版

監　修　石川幹人
発行人　坪井義哉
発行所　株式会社カンゼン
〒101-0021
東京都千代田区外神田2-7-1 開花ビル
TEL 03（5295）7723
FAX 03（5295）7725
https://www.kanzen.jp/
郵便振替　00150-7-130339

印刷・製本　株式会社シナノ

ISBN 978-4-86255-703-2
Printed in Japan

定価はカバーに表示してあります。

ご意見、ご感想に関しましては、kanso@kanzen.jp までEメールにてお寄せください。

お待ちしております。